어린이 과학 형사대
CSI ⑫

CSI, 갈등이 시작되다!

어린이 과학 형사대 CSI ⓛ2

초판 1쇄 발행 | 2010년 8월 20일
초판 21쇄 발행 | 2022년 12월 20일

지은이 | 고희정
그린이 | 서용남
감　수 | 곽영직(수원대학교 물리학과 교수)

펴 낸 곳 | (주)가나문화콘텐츠
펴 낸 이 | 김남전
편 집 장 | 유다형
편　 집 | 김아영
디 자 인 | 양란희
마 케 팅 | 정상원 한웅 정용민 김건우
관　 리 | 임종열 김다운

출판 등록 | 2002년 2월 15일 제10-2308호
주　 소 | 경기도 고양시 덕양구 호원길 3-2
전　 화 | 02-717-5494(편집부) 02-332-7755(관리부)
팩　 스 | 02-324-9944
홈페이지 | ganapub.com
이 메 일 | ganapub@naver.com

ⓒ 고희정, 2010

ISBN 978-89-5736-514-4　(74400)
　　　978-89-5736-440-6　(세트)

* 책값은 뒤표지에 표시되어 있습니다.
* 이 책의 내용을 재사용하려면 반드시 저작권자와 (주)가나문화콘텐츠 양측의 동의를 얻어야 합니다.
* 잘못된 책은 구입하신 서점에서 바꾸어 드립니다.

* '가나출판사'는 (주)가나문화콘텐츠의 출판 브랜드입니다.

KC
- 제조자명 : (주)가나문화콘텐츠
- 주소 및 전화번호 : 경기도 고양시 덕양구 호원길 3-2 / 02-717-5494
- 제조연월 : 2022년 12월 20일
- 제조국명 : 대한민국
- 사용연령 : 4세 이상 어린이 제품

어린이 과학 형사대
CSI 12

 CSI, 갈등이 시작되다!

글 고희정 | 그림 서용남
감수 곽영직(수원대학교 물리학과 교수)

가나출판사

주인공 소개

● **강별**
CSI 2기 지구 과학 형사. 매사에 자신만만하며 승부욕이 강하다.

● **양철민**
CSI 2기 화학 형사. 어딜 가나 왁자지껄 시끄럽고 덤벙대는 리틀 어 형사.

● **신태양**
CSI 2기 생물 형사. 싹싹하고 예의 바르며 매력적인 훈남.

● **황수리**
CSI 2기 물리 형사. 소극적이지만 차분하고 사고가 논리적이다.

어린이 형사 학교 학생들

● 장원소　● 소남우　● 송화산　● 최운동

어린이 형사 학교 선생님들

● 박춘삼 교장　● 어수선 형사　● 정나미 형사　● 안미인 형사

- CSI 훈련을 시작하다 6

 사건 1 범인이 두 명? 12
   핵심 과학 원리 – 생체 인식 기술

   태양이가 들려주는 사건 해결의 열쇠 46

사건 2 누가 운전자일까? 50
   핵심 과학 원리 – 관성

   수리가 들려주는 사건 해결의 열쇠 82

 사건 3 국회 의원 자살 사건 86
   핵심 과학 원리 – 기온과 바람

   별이가 들려주는 사건 해결의 열쇠 120

사건 4 이상한 가을 소풍! 124
   핵심 과학 원리 – 화합물의 성질

   원소가 들려주는 사건 해결의 열쇠 156

- CSI, 위기의 형사 학교 160

- 특별 활동 : CSI, 함께 놀며 훈련하다! 166

- 찾아보기 176

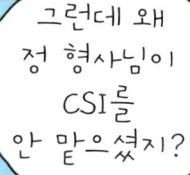

핵심 과학 원리 | 생체 인식 기술

사건 1

범인이 두 명?

"사건이 들어왔다."
가만, 사건이라면! 그렇다. 'CSI' 2기에 첫 번째 사건이 맡겨진 것이다. 드디어 형사로서 인정해 주겠다는 것. 힘들다는 생각은 순식간에 사라지고 살짝 흥분되기까지 하는 아이들. 그런데…….

 ## 첫 번째 사건

"하나 둘, 하나 둘⋯⋯."

이른 아침부터 운동장을 쩌렁쩌렁 울리는 힘찬 구호 소리. 다름 아닌 어린이 형사 학교 2학년 아이들의 목소리다. 물론 전에도 아침마다 운동하는 것은 기본 일과 중 하나였지만, 안 형사가 들어온 후로 아침 운동이 싹 바뀌고 말았다.

체육 선생님도 아닌데 직접 아침에 나와 '체력이 곧 실력'임을 외치며 온갖 운동을 다 시키는 안 형사. 운동이 아니라 완전 지옥 훈련이다. 체육 선생님이라도 좀 말려 주면 좋으련만, 안 형사가 역도 선수일 때 왕팬이었다나 뭐라나. 그러니 안 형사의 말이라면 무조건 예스.

그런데 문제는 거기서 끝나지 않았다. 아침부터 기운을 완전히 빼고 나니, 막상 수업 시간에는 모두 소금에 절인 배추 같은 상태가 된 것이다. 첫 수업을 겨우 끝내고 모두 널브러져 있는데 정 형사가 들어왔다. 그리고 아이들 꼴을 보더니 냅다 소리를 질렀다.

"뭐야, 정신 못 차려?"

하지만 아무리 호랑이 같은 정 형사 말이라도 지금은 기운이 없어 어쩔 수가 없다. 아이들이 저마다 푸념을 늘어놓았다.

"너무 힘들어요."

"잠깐만 쉬었다 하면 안 돼요? 딱 10분만 잘게요."

정 형사는 인상을 구기며 못마땅한 표정을 지었다. 사실 정 형사는 안 형사가 그다지 마음에 들지 않았다. 'CSI'를 맡지는 않았지만 그래도 아이들의 학교생활을 책임지는 사람은 바로 정 형사. 그런데 안 형사가 미리 의논도 하지 않고 너무 자기 맘대로 하는 것이다.

입학하자마자 'CSI' 네 명만 데리고 지리산 종주를 간 것도 그렇다. 다른 아이들이야 그렇다지만 학교에 처음 들어온 태양이는 가뜩이나 보충할 공부가 많은데, 3일이나 빠졌으니 따로 보충 수업을 들어야 했다.

그런데 이번엔 지나친 아침 운동으로 수업에 차질을 빚게 됐으니, 정 형사의 기분이 좋을 리가 없다. 그렇다고 처음부터 뭐라고 할 수도 없고, 괜히 아이들에게 화를 낸 탓에 정 형사는 마음이 무거워졌다.

그렇게 힘겨운 하루가 지나고, 다음 날 역시 엄청난 체력 훈련을 겨우 마치고 막 아침을 먹고 났는데 안 형사가 'CSI' 아이들을 불렀다.

"사건이 들어왔다."

가만, 사건이라면! 그렇다. 'CSI' 2기에 첫 번째 사건이 맡겨진 것이다. 드디어 형사로서 인정해 주겠다는 것. 힘들다는 생각은 순식간에 사라지고 살짝 흥분되기까지 하는 아이들. 그런데…….

"오늘 새벽 일류 대학교 앞 갈빗집에서 도난 사건이 발생했다."

계산대 서랍에 넣어 둔 70만 원이 없어졌다는 것. 아이들은 황당했다. 물론 70만 원이 적은 돈은 아니지만, 그래도 그렇지. 명색이 'CSI'인데 고작 70만 원을 훔친 절도범을 잡으라니, 너무 시시한 거 아닌가!

"빨리 준비하고 나와."

안 형사가 먼저 나가자 철민이가 투덜거렸다.

"우리를 너무 못 믿으시는 거 아냐?"

말은 안 했지만 다른 아이들도 같은 생각. 철민이가 주먹까지 불끈 쥐며 말했다.

"그럼 방법은 하나. 순식간에 해결해서 우리 능력을 보여 주자."

그래. 사건을 빨리 해결하면 다음에는 더 멋진 사건을 맡을 수 있을 것이다. 아이들은 안 형사와 함께 사건 현장으로 향했다.

갈빗집이 있는 곳은 일류 대학교 앞. 가게는 오래되고 허름해 보였다. 먼저 안 형사가 주인 양돈수에게 사건의 경위에 대해 물었다.

"어제 나가면서 현금 80만 원을 계산대 서랍에 넣어 두고 갔어요. 오늘이 고기 들어오는 날이라 그 대금을 치르려고요. 그런데 새벽에 나와 보니, 돈이 얼마 없는 거예요. 세어 보니 딱 10만 원이 남았더라고요. 그러니까 70만 원을 가져간 거죠."

"80만 원이 있었는데 70만 원만 가져갔다고요?"

안 형사가 되물었다. 정말 이상도 하다. 가져가려면 다 가져가지, 70만 원만 세어서 가져간 이유는 무엇일까?

"금전 등록기 안에도 잔돈이 좀 있었는데, 그건 열쇠로 잠겨 있어서 못 가져간 것 같아요."

양돈수의 말에 태양이가 물었다.

"그럼 돈이 있던 서랍은 잠겨 있지 않았나요?"

"응. 며칠 전에 열쇠 구멍이 고장 났거든. 고쳐야지 했는데, 그새 도둑이 든 거야."

"그렇다면 범인은 서랍에 돈이 있었다는 것과 열쇠 구멍이 고장 난 사실을 아는 사람일 가능성이 크겠네요."

별이의 날카로운 지적에 안 형사도 고개를 끄덕였다. 역시 강별이다. 별이가 이어서 양돈수에게 물었다.

"가게 사정을 잘 아는 사람의 소행 같은데, 의심 가는 사람은요?"

"글쎄, 잘 모르겠어."

"종업원은 몇 명이죠?"

"고정 인원은 세 명이야. 주방에서 일하는 아주머니 두 명과 홀에서 일하는 직원 한 명. 나머지 필요한 인원은 아르바이트 학생을 써."

"일단 종업원들 알리바이 조사하고, 증거물을 찾아봐. 중요한 거 나오면 바로 연락하고."

안 형사가 명령을 내리고 학교로 돌아가자, 아이들은 각자 할 일을 나눴다. 별이와 수리는 종업원들의 알리바이를 알아보기로 하고, 철민이와 태양이는 증거물을 찾기로 했다.

철민이와 태양이는 일단 가게 안을 샅샅이 살피기 시작했다. 먼저 돈이 있었던 서랍과 금전 등록기 근처에 묻은 여러 개의 지문을 채취했다. 그리고 나서 둘은 주방 쪽에 나 있는 뒷문으로 갔다. 주인이 왔을 때 앞문은 셔터가 내려져 잠긴 상태였지만 뒷문은 손잡이가 부서져 있었다고 했으니, 범인은 뒷문으로 들어온 것이 분명하다.

허름한 뒷문을 열고 나가니, 작은 뒷마당이 있었다. 뒷마당은 낮은 담으로 둘러싸여 있었는데, 한쪽은 가게 뒷골목으로, 또 다른 한쪽은 옆 건물의 뒷마당과 붙어 있었다.

태양이는 뒷문과 부서진 손잡이를 살피고 지문을 채취했다. 손잡이에는 여러 군데 찌그러지고 긁힌 자국이 남아 있었다.

"뭔가 둔탁한 물건으로 여러 번 내리친 것 같은데."

태양이의 말에 철민이도 고개를 끄덕이며 말했다.

"응. 그런데 망치는 아닌 것 같아. 뭐지?"

그 순간 철민이의 눈에 들어오는 게 있었으니, 문과 부서진 손잡이 사이에 끼어 있는 작은 돌 조각. 빨간색 벽돌 조각이었다. 그렇다면!

"벽돌로 내리친 거 같은데!"

담을 둘러싼 빨간 벽돌. 그리고 담 밑에는 부서진 벽돌 몇 개가 뒹굴고 있었다. 그러니까 범인은 허술한 뒷문 손잡이를 벽돌로 부수고 들어갔다가 다시 뒷문으로 나갔을 것이다. 그렇다면 뒷골목에서 담장을 넘어 들어왔다가 그곳으로 나갔을 확률이 높다.

'이럴 때 CCTV라도 있으면 좋을 텐데······.'

철민이는 그런 생각을 하며 담장 너머 골목길을 살폈다.

어! 그런데 정말 있다. CCTV가 있다.

어쩌면 저기에 범인의 모습이 담겨 있을지도 모른다.

별이와 수리는 종업원들의 알리바이를 조사했지만 이상한 점을 발견할 수 없었다. 셋 다 영업이 끝난 후 집에 들어가 잔 것으로 확인되었다. 게다가 아주머니 두 명은 가게에서 일한 지 5년 이상 되는 가족 같은 사람. 그리고 홀 직원 역시 1년 넘게 일했다고 하니, 이번 사건과 관련됐을 확률은 거의 없다고 봐야 한다. 그럼 범인은 누굴까?

 용의자를 찾아라!

아이들은 곧바로 일류 경찰서로 가서 가게 뒷골목에 설치된 방범용 CCTV의 데이터를 확인했다. 그런데 새벽 1시 반쯤, 한 남자가 황급히 뛰어가는 모습이 찍힌 것이 아닌가!

카메라에 담을 넘는 장면이 찍히지는 않았지만, 사람이 거의 다니지 않는 길임을 고려할 때, 새벽 시간에 그 길을 지났다는 것만으로도 상당히 의심할 만하다.

남자는 175센티미터 정도의 키에 마른 체형. 화면이 선명하지 않고 모자를 푹 눌러쓰고 있지만, 그래도 얼굴 정면이 찍혔으니 이 정도면 훌륭하다. 그렇다면 이제 이 남자를 찾아야 한다.

아이들은 사진을 출력해 가게로 갔다. 그리고 양돈수와 종업원들에게 보여 주며 아는 사람인지 물었는데 모두 고개를 저었다.

그때였다. 홀 담당 직원이 말했다.

"혹시 이 사람, 옆 건물 편의점에서 아르바이트하는 학생 아닌가? 아저씨, 기억 안 나세요? 어제 가게에 간식 배달 왔었잖아요."

"그러고 보니 그런 거 같기도 하네. 맞다! 어제 내가 서랍에서 돈을 꺼내 줬어."

그럼 그때 서랍에 돈이 들어 있는 것을 본 것이 분명하다. 양돈수가 신기하다는 듯 말했다.

"와, 너 기억력 좋다. 어떻게 딱 한 번 보고 얼굴을 기억하냐?"

"한 번 아니에요. 3일 전에도 뒷마당에서 본 적 있어요. 쉬는 시간에 잠깐 담배 피우러 나갔는데, 이 남자도 나와서 담배를 피우더라고요."

눈이 마주쳐서 인사라도 하려고 했는데, 그냥 피해 버리는 거예요. 그래서 살짝 기분 나빴죠."

그럼 그때 뒷마당과 뒷문의 상태를 눈여겨본 것이 아닐까? 아이들은 곧바로 편의점으로 갔다. 사건이 어쩜 이렇게 쉽게 풀리는지, 아이들의 예상대로 너무 쉬운 사건이다.

별이가 편의점 주인에게 사진을 내밀며 묻자 주인이 대답했다.

"밤 7시부터 11시까지 근무하는 아르바이트 학생인데."

아이들은 옆집 도난 사건에 대해 간단히 설명해 주었다. 그러자 편의점 주인은 깜짝 놀라며 말했다.

"정말? 여기서 일한 지 얼마 안돼 잘 알지는 못하지만 그럴 학생으로 보이진 않던데."

이름은 강일식. 일류 대학교 경영학과 1학년 학생으로, 편의점에서 아르바이트를 한 지는 2주일쯤 됐는데, 정말 착실한 학생이라는 것.

"출근 시간 한 번 어긴 적 없고, 얼마나 부지런하고 열심인지. 그런 학생이 왜 그런 짓을 했지?"

그렇다면 정말 동기가 궁금하다. 아이들은 일류 대학교로 가서 강일식의 주소와 휴대 전화 번호를 알아낸 다음 그의 집으로 찾아갔다.

"일식이 학생, 지금 집에 없는데. 아르바이트한다고 새벽에 나갔어."

하숙집 아주머니가 말했다. 어제 강일식의 행적에 대해 물으니, 새벽에 나갔다가 밤 11시 20분쯤 들어왔다고 한다.

그런데 사건에 대해 말해 주자 편의점 주인과 똑같은 말을 했다.

"아유, 무슨 그런 말도 안 되는 소리를 하고 있어. 잘못 알았겠지. 일식이는 그럴 아이가 아니야. 가난한 시골에서 서울로 유학 와서 아르바이트로 제 학비며 생활비도 벌고, 시골에 계신 어머니 생활비까지 보내 주는 착한 학생이라고."

그러니까 강일식은 평소 아주 모범적인 생활을 하는 사람이라는 말씀. 그래서 아이들은 강일식이 더 궁금해졌다. 아르바이트 간 곳을 물으니 그건 모른다는 아주머니. 아이들은 일단 하숙집을 나왔다. 그런데 바로 그때였다. 별이가 갑자기 몸을 낮추며 작은 소리로 외쳤다.

"어, 저 사람! 숨어!"

"숨어? 왜?"

철민이가 어리둥절해 하며 묻자, 별이는 얼른 철민이를 잡아 담장 뒤쪽으로 끌고 들어갔다.

"강일식 같아."

뭐? 강일식! 골목길을 돌아 들어오는 남자를 보니, 정말 그렇다. 키는 170센티미터 조금 넘어 보이고, 비쩍 마른 몸매에 CCTV에서 본 것과 얼굴도 비슷했다.

"어떡하지?"

별이가 묻자 철민이는 당연하다는 듯 대답했다.

"어떡하긴. 잡아야지."

그러더니 벌떡 일어나 뛰어나가며 외치는 것이 아닌가!

"강일식 씨! 강일식 씨, 맞죠?"

헉! 도대체 뭐하자는 것인지. 잡겠다는 건지, 도망치라는 건지. 아니나 다를까, 강일식은 철민이의 말을 듣자마자 냅다 달아나기 시작했다.

"어, 서! 거기 서!"

쯧쯧. 서라고 한들 서겠는가! 결국 강일식과 아이들의 쫓고 쫓기는 추격전이 시작되었다. 하숙집이 밀집된 곳이라 그런지 골목이 많은 데다가 강일식은 또 왜 그렇게 잽싼지, 잡기가 쉽지 않았다.

그래도 우리의 'CSI'는 절대 포기하지 않고 추적했다. 마침내 철민이와 태양이가 골목 끝에서 앞을 가로막자, 별이가 뒤돌아 도망치는 강일식을 이단 옆차기로 한 방에 제압했다.

"우리 실력이 이 정도라고. 헤헤헤."

철민이가 잘난 척하며 웃었다. 물론 다른 아이들도 기분이 좋았다.

 # 뜻밖의 사실

그런데 경찰서에 끌려온 강일식은 정말 황당한 소리를 했다.

"뭐? 강일식? 강일식을 찾는 거였어?"

강일식을 찾는 거였냐고? 그럼 그런 줄도 모르고 잡혀 왔단 말인가! 게다가 오히려 큰소리로 다그쳐 물었다.

"강일식은 왜 찾는데? 경찰이 강일식을 왜 찾냐고?"

철민이가 황당한 표정으로 말했다.

"그건 본인이 더 잘 알잖아요."

그러자 소리를 버럭 지르는 강일식.

"본인이 아니니까 그렇지!"

본인이 아니라니, 그럼 강일식이 아니란 말인가! 이 무슨 귀신 씻나락 까먹는 소리인가?

"난 강일식이 아니라고. 알아듣겠어?"

"그럼 누군데요? 그리고 강일식이 아니라면 왜 도망친 거죠?"

태양이가 묻자 남자는 잠시 대답을 못하더니 다시 소리를 질렀다.

"여하튼 난 강일식이 아니야. 그러니까 난 가도 되지?"

그러면서 강일식은 벌떡 일어났다. 그런데 바로 그 순간.

"가긴 어딜 가? 앉아요!"

쩌렁쩌렁 울리는 소리와 함께 강일식의 어깨를 짓눌러 그대로 의자에 주저앉혀 버리는 안 형사. 역시 역도 선수 출신답다. 안 형사의 기세에 강일식도 살짝 당황한 눈치였다.

"강일식이 아니면 누구라는 겁니까? 주민 등록증 내놔 봐요."

안 형사의 호통에 재빨리 주민 등록증을 내미는 강일식. 아니, 강두식. 뭐? 강두식?

"강두식? 강일식이 아니고, 강두식이라고요?"

안 형사도 놀라 되물었다. 아이들도 모두 황당한 표정. 이게 어떻게 된 일인가? 눈치 빠른 별이가 물었.

"쌍둥이세요?"

"응."

강일식, 아니 강두식이 대답했다.

"일식? 두식? 그럼 강일식이 형인가요?"

안 형사의 물음에 강두식은 온순한 양처럼 대답했다.

"네."

뭐 이런 경우가 다 있을까? 기껏 온몸을 던져 용의자를 잡았더니, 쌍둥이라고? 그나저나 강두식은 도대체 왜 그곳에 나타났을까? 강일식 혼자 하숙하고 있다던데.

"4일 전에 올라왔어요."

강두식은 고향에서 어머니와 함께 살고 있었는데, 형을 보러 서울에 올라왔다고 했다. 수리가 물었다.

"그럼 아까는 왜 도망쳤어요?"

"그건……. 내 이름을 부른 줄 알고. 그리고 갑자기 쫓아오니까 일단 도망쳐야 할 것 같아서."

아무리 그래도 그렇지, 죄도 없는데 왜 도망을 쳤단 말인가? 아이들은 강두식에 대해서도 좀 더 알아봐야겠다는 생각이 들었다. 혹시 모르지 않는가? 편의점 주인이나 하숙집 아주머니 말대로 강일식이 진짜 착하고 성실한 사람이라면, 척 보기에도 건달 같아 보이는 강두식이 범인일지도. 솔직히 증거로 가지고 있는 CCTV 사진만 봐서는 강일식인지, 강두식인지 구별이 안 되니 말이다.

그렇다면 일단 둘 다를 염두에 두고 수사해야 할 것이다. 그래서 별이와 수리는 강두식을 더 조사하기로 하고, 철민이와 태양이는 강두식이 알려 준, 강일식이 아르바이트를 한다는 공사 현장으로 향했다.

"혹시 형이 일하는 편의점에 간 적 있어요?"

별이가 물었다. 그러자 강두식은 잠시 머뭇거리더니 대답했다.

"응. 3일 전 밤에 형 만나러 잠깐 갔었어."

"그럼 혹시 뒤쪽 창고에 가 봤어요?"

이번엔 수리가 물었다.

"아, 아니. 거긴 간 적 없는데. 그런데 그건 왜?"

"어젯밤에는 뭐 했어요?"

"친구 집에서 잤어."

"친구 누구요?"

하지만 강두식은 대답하려는 듯하더니 그냥 입을 다물었다. 그러고는 아무리 물어도 친구 이름을 밝히지 않았다. 그 이유가 뭘까?

한편, 강일식이 일한다는 공사 현장을 찾아간 태양이와 철민이는 벽돌을 등에 지고 나르는 강일식을 볼 수 있었다. 꽤 선선해진 날씨인데도 온몸이 땀범벅인 강일식. 처음엔 자신을 찾아온 아이들이 누군지 몰라 의아해 하더니, 경찰이라고 하자 순간 당황하는 기색이 역력했다.

"어젯밤 일류 대학교 앞의 한 갈빗집에서 도난 사고가 발생했습니다. CCTV 검색 결과 강일식 씨로 추정되는 사람이 찍혀 있더군요. 같이 경찰서로 가셔야겠습니다."

태양이의 말에 강일식은 잠시 태양이와 철민이를 물끄러미 쳐다보더니, 차분하게 대답했다.

"뭔가 오해가 있는 것 같은데 나는 아니야. 어젯밤 편의점 아르바이트 끝내고 바로 집에 돌아왔어. 그건 하숙집 아주머니께 여쭤 보면 금방 알 수 있을 거야. 그리고 어디에 있는 CCTV에 찍혔는데?"

"갈빗집 뒷길에 있는 CCTV요. 시간은 새벽 1시 반쯤. 그럼 그 시간에 거기에 간 적이 없단 말씀이세요?"

"응."

"좋아요. 하지만 일단 경찰서로 가시죠. 강일식 씨인지, 강두식 씨인지 밝혀야 될 테니까."

그러자 깜짝 놀라는 강일식.

"뭐? 강두식이라니. 두식이가 경찰서에 있어?"

"네."

강일식은 잠시 괴로운 표정을 짓더니 먼저 나섰다.

"그래, 가자."

그리고 경찰서에 도착하자마자 강일식은 강두식을 찾았다.

"두식아!"

강두식이 깜짝 놀라 강일식을 쳐다보았다. 그러더니 얼른 다시 고개를 돌리는 강두식. 둘 사이에 묘한 분위기가 흘렀다. 잠시 후 별도로 마련된 방에서 강일식의 취조가 시작되었다. 먼저 안 형사가 물었다.

"갈빗집 주인아저씨 말로는 어제 갈빗집에 배달을 왔었다고 하던데, 맞나요?"

"네, 김밥이랑 간식 몇 가지 갖다 달라고 해서 갔었어요."

"그럼 편의점 뒤에 있는 창고에는 자주 나가나요? 담배를 피우러 간다거나 해서."

태양이의 물음에 강일식이 대답했다.

"물건 가지러 가야 되니까 자주 가긴 하는데, 담배는 안 피워."

뭐라고? 담배를 안 피운다고? 갈빗집 종업원 말로는 3일 전에 편의점 창고 쪽에서 담배 피우는 모습을 봤다고 했는데.

그때였다. 별이에게 뭔가 번쩍 떠오르는 생각이 있었다. 바로 담배 냄새.

'아까 강두식을 취조할 때에는 왜 그 생각을 못했지?'

별이가 강일식에게 물었다.

"동생은 담배 피우죠?"

"두, 두식이?"

"네, 많이 피는 것 같던데. 담배 냄새가 많이 나더라고요."

그렇다. 아까 취조할 때 강두식은 담배 냄새가 아주 많이 났다. 그렇다면 강두식이 범인이라는 말인가?

 누가 범인일까?

잠시 후, 아이들 사이에 열띤 토론이 벌어졌다.

"난 강두식이 범인인 것 같아. 편의점 아저씨도, 하숙집 아주머니도 강일식은 결코 그런 일을 저지를 사람이 아니라고 했잖아. 그에 반해 강두식은 딱 보기에도 건달처럼 보이더라고. 게다가 3일 전에 형을 만나러 편의점에 갔었다고 했잖아. 물론 뒤쪽 창고에는 간 적이 없다고 했지만 그건 거짓말일 가능성이 커. 왜냐하면 갈빗집 종업원이 담배 피우는 모습을 봤다고 했는데 강일식은 담배를 안 피운다니, 그럼 담배를 피우는 강두식을 봤다는 얘기잖아."

철민이가 자신의 생각을 말하자 별이도 동의했다.

"나도 그렇게 생각해. 어젯밤 알리바이를 물어도 대답을 안 하잖아. 분명히 강두식일 거야."

그러나 태양이의 생각은 달랐다.

"그건 선입견 때문이 아닐까? 평소 행동이 모범적인 강일식보다 건달 같은 강두식이 범죄를 저지를 확률이 높다고 생각하는 거는. 3일 전 갈빗집 종업원이 본 사람은 강두식일 수 있어. 하지만 강일식도 그곳에 자주 드나들었을 테니까 꼭 그때가 아니더라도 갈빗집 뒷마당을 자세히 봤을 수도 있잖아."

그러자 수리도 태양이의 말에 동의했다.

"나도 강일식일 것 같아. 어제 서랍에 돈이 있는 것을 본 사람은 강두식이 아니라 강일식이잖아."

별이가 반대 의견을 냈다.

"하지만 하숙집 아주머니 말씀이 강일식은 집에 11시 반쯤 들어왔다고 했잖아."

그러자 수리가 맞받아쳤다.

"왔다가 다시 나갈 수도 있지. 아니, 일부러 알리바이를 만들기 위해 집에 들어갔다 나왔을 수도 있잖아."

토론이 한참 계속됐지만 쉽게 결론이 나지 않았다. 그도 그럴 것이 유일한 단서인 CCTV 사진만으로는 쌍둥이 중 누가 진짜 범인인지 가려낼 수가 없기 때문이다.

둘 중 한 명이 분명 범인인 것 같은데, 상황이 정말 이상하게 꼬였다. 범인은 한 명인데, 용의자가 두 명인 셈. 처음 맡은 사건치고는 너무 시시하다고 생각했는데, 전혀 예상치 못한 복병을 만난 것이다.

그때였다. 어디선가 낮고 차분하지만 날카로운 목소리가 들렸다.

"형법상 범인을 명확히 밝혀내지 못하면 죄를 물을 수 없어, 알지?"

누구인가 돌아보니, 정 형사. 아이들 하는 얘기를 가만히 듣고 있던 안 형사도 놀라서 정 형사를 쳐다보았다.

"수사에 감정이 개입되면 안 되는 거 몰라? 감정이 개입되면 심증이 앞서게 되고, 그러다 보면 수사가 헷갈리게 되지. 심증보다 중요한 것이 바로 물증. 물증을 확보하고 그에 따라 사건을 해결하는 것이 바로 과학 수사야."

아이들은 날카로운 정 형사의 비판에 고마운 마음이 들었다. 처음으로 사건을 맡은 아이들이 잘하고 있는지 궁금해서 나온 것이 분명하기 때문이다. 겉으로는 차가워 보이지만 속정 깊은 정 형사. 같이 지낸 시간이 긴 만큼 아이들은 그 마음을 잘 알고 있다.

그러나 안 형사는 반갑지 않은 표정. 아무래도 정 형사가 자신을 못 믿는 것 같다는 생각 때문이다. 겉으로 드러내지는 않지만 정 형사는 안 형사가 하는 일을 못 미더워 하는 것 같았다. 그러니 여기까지 쫓아왔지.

정 형사와 안 형사 사이에 살짝 이상한 분위기가 흘렀지만 아이들은 느

수정이란?

수정이란 암컷과 수컷의 생식 세포가 만나 하나로 합쳐지는 것을 말해. 동물의 경우 암컷의 난자와 수컷의 정자가 합쳐져 수정란을 만들지. 동물의 수정에는 체외 수정과 체내 수정이 있어. 체외 수정은 암컷의 몸 밖에서 수정이 이루어지는 거야. 물속에 사는 많은 동물이 체외 수정을 하지. 체내 수정은 암컷의 몸속에서 수정이 이루어지는 거야. 땅 위에 사는 동물 대부분이 체내 수정을 하지.

끼지 못했다. 용의자가 둘이라는 예상치 못한 상황에 머리가 엄청 복잡했기 때문이다. 그런데 바로 그때 태양이가 말했다.

"맞다! 지문 감식. 지문 감식 결과는 아직 안 나왔나? 그것만 있으면 알 수 있을 텐데."

그러자 수리가 물었다.

"일란성 쌍둥이는 유전자도 거의 동일하다고 하던데, 그러면 지문도 같은 것 아닌가?"

태양이가 대답했다.

"일란성 쌍둥이는 난자 한 개와 정자 한 개가 만나 만들어진 수정란이 두 개로 나뉘어 각각 자라서 생긴 경우지. 그래서 유전자가 거의 동일해. 일란성 쌍둥이의 외모나 체형이 거의 비슷한 이유가 바로 그 때문이지. 강일식과 강두식처럼."

"그래. 그러니까 지문도 똑같을 거 아냐."

철민이가 말했다.

그러자 태양이가 대답했다.

"아니, 지문은 달라. 지문은 손가락 끝마디 안쪽에 있는 피부의 무늬를 말하는데, 보통 임신 3~4개월쯤 만들어지지. 지문이 만들어질 때에는 유전적인 요인에 영향을 받지만, 그 밖에 자궁 안 압력의 비율, 태아의 위치 등 환경적인 요인에도 상당한 영향을 받아. 그래서 저마다 독특한 지문이 생기고, 그 때문에 지문이 일치할 확률은 640억 분의 1 정도라고 하거든. 그러니 일란성 쌍둥이라 해도 지문이 같을 확률은 거의 없다고 볼 수 있어."

"그렇구나! 신기하다."

철민이가 재밌다는 듯 말하자 태양이가 이어서 설명했다.

"그래서 과학 수사에서 지문은 범인을 잡는 데 결정적인 증거가 되지. 그런데 최근에는 지문처럼 그 사람만이 가진 독특한 신체적 특징을 이용해 사람을 구별하는 기술이 많은 곳에 쓰이고 있어. 이를 '생체 인식 기술'이라고 하지."

그러자 별이가 아는 척을 했다.

"홍채도 생체 인식에 쓰이지?"

"그래. 홍채는 눈의 각막과 수정체 사이에 있는 둥근 모양의 얇은 막

홍채는 무슨 일을 할까?

홍채는 우리 눈에 들어오는 빛의 양을 조절하는 역할을 해. 홍채의 안쪽 가운데에는 비어 있는 공간이 있는데, 이를 동공(눈동자)이라고 해. 밝은 곳에서는 홍채가 팽창하여 동공의 크기가 작아지기 때문에 빛을 적게 받아들이지. 반대로 어두운 곳에서는 홍채가 수축해서 동공이 커지므로 많은 양의 빛을 받아들여. 어두운 곳에 있다가 갑자기 환한 곳에 갔을 때 눈이 부신 것은 어두운 곳에서 커져 있던 동공에 갑자기 많은 양의 빛이 한꺼번에 들어오기 때문이야.

을 말하는데, 그 색깔과 주름 무늬가 사람마다 달라. 물론 지문처럼 일란성 쌍둥이라도 다르지. 이외에도 얼굴 윤곽이나 목소리도 사람마다 다르기 때문에 생체 인식에 널리 쓰이고 있어. 최근에는 일란성 쌍둥이라도 목소리 차이가 뚜렷하다는 연구 결과가 나오기도 했지."

그런데 바로 그때였다. 이제껏 가만히 듣고 있던 안 형사가 서류를 하나 내놓으며 말했다.

"그런데 어쩌지? 아까 너희가 채취해 의뢰한 지문 감식 결과야."

결과를 보니, 이런! 주방 뒷문과 서랍, 그리고 금전 등록기에서 발견된 지문 모두 양돈수와 종업원들의 것. 강일식과 강두식의 것은 없다.

"초동 수사가 너무 미흡했던 거 아니야?"

정 형사의 일침에 아이들은 뜨끔. 안 형사는 얼굴이 빨개졌다. 솔직히 요즘 텔레비전에서 범죄자들의 범행 장면을 많이 보여 줘서 그런지 범인들이 남긴 지문을 찾기가 쉽지 않다. 범행 시 지문을 남기지 않기 위해 장갑을 껴야 한다는 것쯤은 누구나 알고 있기 때문이다.

"휴! 그럼 뭐야? 지문으로 범인을 찾아내는 건 다 틀렸네."

철민이가 기운 빠진다는 듯 말했다. 그때였다. 태양이의 머릿속에 번쩍 떠오르는 장면이 있었으니, 아까 양돈수가 한 말.

'세어 보니 딱 10만 원이 남았더라고요. 그러니까 70만 원을 가져간 거죠.'

그렇다. 80만 원 중 70만 원만 가져가려면 범인은 분명 돈을 세었을 것이다. 1, 2만 원도 아니고 70만 원을 세는데 장갑을 끼고 세려면 좀 힘들지 않았을까? 그렇다면! 태양이가 벌떡 일어나며 말했다.

"다시 현장에 가 봐야겠어요."

뭔가 알아낸 모양. 분위기도 안 좋으니 이럴 땐 그냥 따라가는 게 상책이다. 다른 아이들도 얼른 태양이를 따라나섰다.

 지문으로 밝힌 범인

사건 현장으로 가면서 태양이의 생각을 들은 철민이가 말했다.

"물론 장갑을 벗고 셌겠지. 그런데 돈에도 지문이 남아?"

"응. 종이를 만지면 지문의 볼록한 부분에 있던 땀이 종이 위에 남는데, 그 땀에는 소량의 단백질이나 피부에서 떨어진 단백질 조각들이 묻어 있거든. 단백질이 분해되면 아미노산이 되니까, 거기에 닌히드린이라는 약품을 처리하면 닌히드린이 아미노산과 반응해 보라색으로 변하지. 그렇게 하면 종이에 묻은 지문을 찾아낼 수 있어."

"우아, 정말 신기하다."

철민이가 감동하며 말하자, 수리가 걱정되는 듯 말했다.

"그나저나 그 돈, 벌써 다른 데 썼으면 어떡하지?"

그러게 말이다. 그사이 다른 사람의 손을 거쳤으면 범인의 지문이 지워졌을 확률이 높다. 아이들은 황급히 갈빗집으로 향했다. 그리고 양돈수에게 서랍에 남아 있던 돈이 어디 있는지 물으니, 다행히 돈은 봉투 속에 그대로 보관되어 있었다. 모두 만 원짜리 10장. 아이들은 그것을 가지고 다시 학교로 돌아왔다.

먼저 태양이가 종이에서 지문을 채취하는 시범을 보였다. 닌히드린이라는 가루를 에탄올에 녹이더니, 분무기에 담아 돈에 뿌렸다.

"이대로 놔두면 땀과 함께 돈에 묻어 있던 단백질이 아미노산으로 분해되면서 닌히드린과 반응해 점차 지문이 드러나게 돼. 그런데 시간이 많이 걸리니까 단백질이 빨리 아미노산으로 분해될 수 있도록 열을 가해 주는 거야. 예를 들면 이 다리미로."

돈 위에 수건을 올려놓고, 그 위를 스팀 다리미로 다리는 태양이. 잠시 후 수건을 치우니, 나왔다. 보라색의 선명한 지문. 정말 신기하다.

"나도 해 볼래. 나도."

철민이가 달라붙어 해 보겠다고 나섰다. 그렇게 해서 아이들은 지폐 10장에 묻은 지문을 하나씩 하나씩 찾아냈다.

그리고 그것이 누구의 지문인지 감식을 의뢰했다. 이제 남은 건 결과를 기다리는 것. 만약 지문이 둘 중 한 명의 것이라면 그 사람이 범인임이 확실해진다. 그런데 바로 그때였다. 안 형사가 오더니 말했다.

"강두식이 자백했어."

"네? 강두식이오?"

모두 놀라 동시에 물었다.

"응, 유흥비로 쓰려고 그랬대. 돈은 어젯밤 술값으로 다 써 버렸다는군. 그리고 고향에서도 건달 몇 명이랑 작은 폭행 사건에 휘말렸더라고. 그래서 서울로 도망 온 거였어."

이런 한심한 사람 같으니라고. 형은 학비에 생활비까지 버느라 하루 종일 아르바이트를 하는데 사고나 치고 도망을 다니다니. 그리고 자기가 범인이면 진작 그렇다고 할 것이지, 한참을 애타게 해 놓고는 이제 와서 자백하는 이유는 또 뭐란 말인가.

"그럴 거면 진작 자백하지. 괜히 헛고생했네."

철민이가 투덜거리자 태양이가 말했다.

"그래도 지문 감식 결과가 나올 때까지만 좀 기다려 보자. 강두식 지문이 나오면 더 확실해지는 거니까."

잠시 후, 드디어 기다리던 지문 감식 결과가 나왔다. 그런데 이런 황당한 일이! 지폐 10장 중 6장에서 지문이 나왔는데, 그 주인공은 강두식이 아니라 강일식이었던 것이다.

"뭐, 강두식이 아니라 강일식이라고? 그럼 어떻게 된 거야?"

철민이가 황당해 하자 안 형사가 말했다.

"할 수 없지. 대질 심문 준비해."

결국 강일식과 강두식, 두 형제가 만났다. 왠지 서먹해 보이는 둘의 모습. 평소 사이가 별로 좋지 않은 듯했다. 안 형사가 말을 꺼냈다.

"강두식 씨, 범행을 자백한 거 맞죠?"

"네, 제가 했어요."

그런데 바로 그 순간, 강일식이 깜짝 놀라며 소리쳤다.

"뭐라고? 자백했다고? 네가 훔쳤다고 자백했단 말이야?"

그러자 강두식이 거칠게 내뱉었다.

"그래, 내가 했다. 그러니까 형은 가만히 있어."

그러자 강일식은 깊은 한숨을 쉬더니, 가방을 열고 신문지로 똘똘 싼 뭔가를 꺼냈다. 펼쳐 보니 돈다발. 그렇다. 돈이다. 모두 깜짝 놀랐다. 그때였다. 갑자기 강두식이 소리를 지르는 것이 아닌가!

"내가 했다는데 왜 이래!"

그러자 강일식이 울음을 터뜨리며 말했다.

"제가 한 거예요. 동생은 아무 잘못 없어요. 오늘까지 등록금을 내야 되는데, 돈이 모자라서 그만……. 흑흑흑."

바로 그 순간, 퍽! 눈 깜짝할 사이에 강두식이 강일식의 얼굴에 주먹을 날렸다. 모두 깜짝 놀라는 사이 안 형사가 얼른 강두식의 팔을 잡으

며 소리를 질렀다.

"뭐 하는 거예요, 지금!"

안 형사에게 팔을 잡힌 채 강두식은 울부짖었다.

"이 바보야! 내가 했다고 하면 그냥 있지 왜 나서? 내가 아무리 공부도 못하고 사고나 치고 다녀도 그렇게 힘들면 나한테 말이라도 좀 하지! 왜 그런 짓을 한 거야? 흑흑흑."

어렸을 때부터 늘 우등생에 모범생이었던 형, 강일식. 그와 반대로 공부는 안 하고 늘 말썽쟁이였던 동생, 강두식. 가난한 홀어머니에게 큰아들은 든든한 집안의 기둥이었지만 막내아들은 골칫거리였다. 시간이 흐른 뒤에도 강두식은 정신을 못 차리고 동네 건달로 지냈다.

이에 비해 강일식은 열심히 공부해서 일류 대학교에 붙었다. 그런데 강일식 역시 쉽지는 않았다.

강일식은 한 학기 내내 생활비랑 등록금을 마련하기 위해 아르바이트를 했지만, 대학 등록금이 워낙 비싸 일부라도 장학금을 받지 않으면 어림도 없었다. 그런데 아르바이트를 하다 보니 공부를 많이 못했고, 결국 학점이 모자라서 장학금을 타지 못했다. 그래서 방학인데도 집에도 못 가고 한밤중까지 아르바이트를 했지만, 70만 원이 부족했던 것.

"오늘이 추가 등록 마감일인데 70만 원을 구할 방법이 없었어요. 휴학을 하면 어머니가 실망하실까 봐 그럴 수 없고. 몇 날 며칠을 고민하고 있었는데, 어제 갈빗집에 배달 갔다가 주인아저씨가 서랍에서 돈을 꺼내 주는 것을 봤어요. 그땐 아무 생각 없이 나왔는데, 집에 돌아가 누워 있으려니 갑자기 그 돈 생각이 나는 거예요. 그것만 있으면 등록할 수 있을 텐데 하는 생각에 그만……. 흑흑흑."

"그런데 이 돈은?"

정 형사가 물었다.

"집에 돌아오니 정신이 번쩍 들더라고요. 내가 미쳤나 싶었죠. 오늘 밤에라도 다시 몰래 갖다 놓으려고 했는데, 이렇게 빨리 잡힐 줄은 몰랐어요. 경찰서에 와서 자백해야 되나, 아니라고 하고 다시 갖다 놓아야 되나 계속 고민하는데 두식이가 자기가 했다고 해서……."

강일식은 결국 등록금을 내지 못했다. 어쩌다 이런 일이 벌어졌는지.

아이들은 마음이 아팠다. 그나저나 강두식은 왜 자기가 하지도 않은 일을 했다고 했을까?

"처음엔 형이 그랬을 거라고는 생각도 못했어요. 그런데 CCTV에 찍힌 사진을 보니까 형이더라고요. 기가 막혔죠. 일단 아니라고 하긴 했는데, 잡혀 온 형을 보니까 왜 그랬는지 알 것 같았어요. 형이 등록금 때문에 밤에 잠도 제대로 못 자는 거 알고 있었거든요."

형이 얼마나 힘들게 사는지 새삼 느낀 강두식은 계속 고민하다 자신이 죄를 뒤집어쓰기로 결심했다는 것.

"어차피 형은 우리 집의 기둥이고 나는 문제아니까, 이왕 이렇게 된 거 내가 잡혀 들어가는 게 더 낫다고 생각했어요."

형을 생각하는 동생의 마음에 아이들은 가슴이 뭉클해졌다. 마침내 아이들이 맡은 첫 번째 사건은 그렇게 끝이 났다. 간단하게 생각했는데, 쌍둥이라는 전혀 예상치 못한 상황을 맞아 고전한 아이들. 세상에 쉬운 사건은 없다던 선배들의 말이 맞다.

그리고 무엇보다도 큰 실수를 저지를 뻔했다. 심증만 가지고 범인을 잡으려고 했던 것. 과학 수사의 기본은 바로 물증인데도 말이다. 또, 초동 수사의 중요성도 깨달았다. 어렵게 해결한 만큼 아이들은 많은 것을 느끼고 배울 수 있었다.

 # 태양이가 들려주는 사건 해결의 열쇠

사건의 용의자를 찾고 나니 쌍둥이. 둘 중 누가 진짜 범인인지 가려낼 수 있었던 것은 생체 인식 기술과 지문에 대해 잘 알았기 때문이지.

💡 생체 인식 기술

'생체 인식 기술'이란 사람마다 가지고 있는 독특한 신체적 특성을 이용해 사람을 확인하는 기술을 말해. 신체의 특정 부분에 대한 신호를 읽고 분석한 후, 기존에 저장된 데이터와 비교하여 신원을 확인하는 것이지.

가장 많이 쓰이는 것이 바로 지문이야. 우리나라에서는 주민 등록증을

지문 인식

얼굴 인식

목소리 인식

홍채 인식

〈여러 가지 생체 인식 기술〉

발급할 때 지문을 찍게 되어 있는데, 이는 범인을 잡는 데 아주 유용하게 쓰여. 뿐만 아니라 국제 공항이나 보안이 필요한 곳에서 쓰이기도 하지.

홍채 인식 역시 널리 쓰이고 있어. '홍채'란 눈의 각막과 수정체 사이에 있는 얇은 막을 말하는데, 색깔과 주름 무늬가 사람마다 다르거든. 그래서 그것을 이용해 사람을 구별하는 거야.

또, 얼굴 윤곽을 생체 인식에 이용하려는 연구도 계속되고 있어. 사람마다 얼굴 형태뿐 아니라 눈, 코, 입의 모양과 크기가 다르고 위치와 간격도 달라. 그래서 그 각각을 비교해 보면 비슷해 보이는 사람이라도 분명히 다른 점을 찾아낼 수 있지.

목소리의 주파수를 분석해서 줄무늬 모양의 그림으로 나타낸 것을 '성문'이라고 하는데, 성문도 사람마다 달라. 사람마다 억양이나 말하는 습관에 따라 음의 높낮이가 모두 다르기 때문이지. 최근에는 일란성 쌍둥이의 성문에도 차이가 있다는 연구 결과가 나왔어.

💡 지문이란?

'지문'은 손가락 끝마디 안쪽에 있는 피부의 무늬를 말해.

지문은 임신 3~4개월 정도의 태아 시기에 만들어지는데, 대부분은 부모로부터 물려받은 유전자의 영향을 받지.

하지만 유전적 영향만 받는 건 아니야. 지문이 만들어지는 데에는 자궁 안에서의 압력 비율, 태아의 위치 등 환경적 요인도 큰 영향을 미치지.

그래서 사람마다 다른 모양의 지문이 만들어지는 거야. 또한 같은 사람이라도 왼손과 오른손의 지문이 달라. 그래서 사람들 중 지문이 일치할 확률은 640억 분의 1 정도라고 해.

지문은 평생 그 모양이 변하지 않으면서도 홍채나 얼굴 윤곽보다 채취가 쉽고, 자료로 보관하기 쉬우며, 감식 방법도 간단해서 생체 인식에 가장 많이 쓰이지.

지문의 종류는 다음과 같이 5가지로 나눌 수 있어.

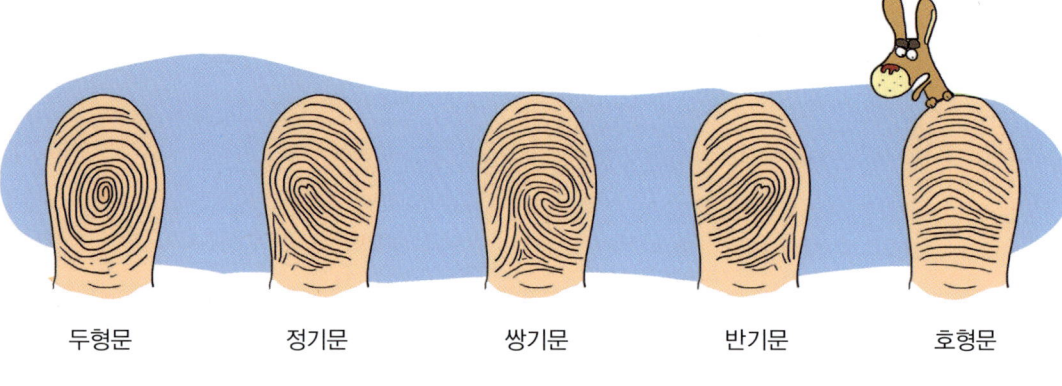

두형문　　정기문　　쌍기문　　반기문　　호형문

〈지문의 종류〉

💡 쌍둥이와 지문

그렇다면 쌍둥이의 지문은 어떨까?

쌍둥이는 이란성 쌍둥이와 일란성 쌍둥이가 있어. 이란성 쌍둥이는 두 개의 난자가 서로 다른 두 개의 정자와 수정되어 자라는 거야. 따라서 유전적으로는 형제자매와 같아. 그러니 이란성 쌍둥이의 경우에는 당연히 지문도 다르겠지.

일란성 쌍둥이는 난자 한 개와 정자 한 개가 만나 만들어진 수정란이 두 개로 나뉘어 각각 자라는 거야. 그러다 보니, 유전자가 거의 일치하기 때문에 외모나 체형이 거의 비슷해서 가족조차 구별하기 어려울 때가 많지. 하지만 아무리 유전자가 거의 같은 일란성 쌍둥이라도 지문은 달라. 지문이 생기는 데에는 유전적인 영향뿐 아니라 각각의 태아가 자라면서 겪는 환경적인 영향도 크기 때문이지.

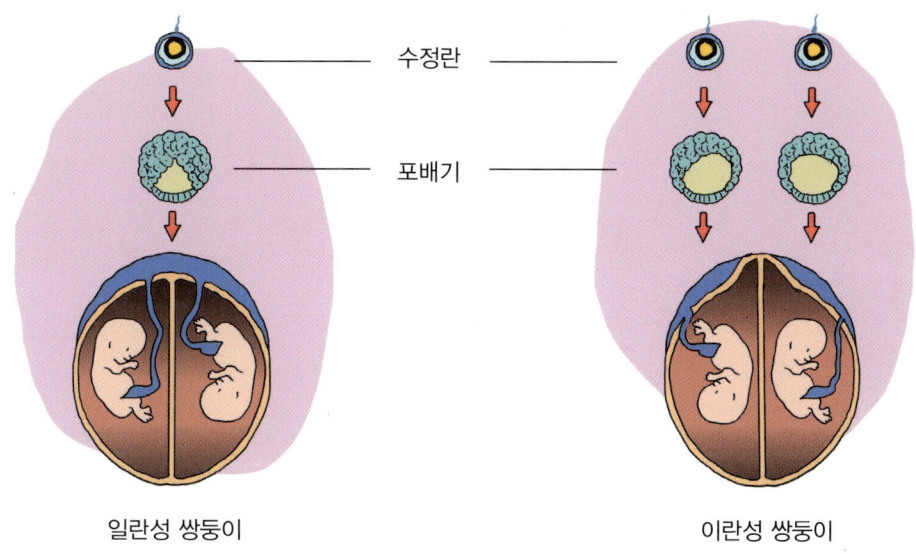

〈일란성 쌍둥이, 이란성 쌍둥이의 형성〉

그러니까 생각해 봐. 열심히 용의자를 찾고 나니, 일란성 쌍둥이. 하지만 **둘 중 진짜 범인이 누구인지 가려낼 수 있는 방법은 바로 지문**이었어. 지문은 일란성 쌍둥이라도 다르니까 말이야. 그래서 돈에 묻은 지문을 채취하여 사건을 해결할 수 있었던 거야. 어때, 이젠 알겠지?

핵심 과학 원리 　관성

사건 2

누가 운전자일까?

"너 장미 이모 알지?"
장미 이모라면, 엄마의 대학 동창으로 '장미'라는
초등학교 3학년 아이의 엄마. 예전에 몇 번인가 만난 기억이 있다.
"그 이모 남편, 그러니까 장미 아빠가 어젯밤에 교통사고로 죽었대."

의문의 교통사고

　어린이 형사 학교의 새 학기가 시작된 지 어느새 한 달. 아이들은 매일 계속되는 수업에 지치고, 숙제에 지치고, 게다가 안 형사의 지옥 체력 훈련에 완전히 지쳤다. 특히 새로 들어온 태양이, 운동이, 원소, 화산이는 한 달이 넘도록 놀토(노는 토요일)뿐 아니라 일요일에도 집에 못 갔으니 정말 불쌍한 아이들이다.

　그중 가장 피곤하고 힘든 아이는 태양이. 정규 수업에 보충 수업 들으랴, 숙제하랴, 안 형사의 특별 지시가 내려진 체력 훈련 하랴, 정말이지 너무 힘들어 입술이 부르트고 온몸이 쑤시고 저렸다.

　게다가 아직까지 'CSI' 아이들과도 서먹하고, 또 같이 새로 들어온 아이들은 'CSI'라는 이유로 자신을 조금은 다르게 대했다. 그러니 어디에도 완전한 팀원이 되지 못한, 말 그대로 은따(은근히 따돌림 당하는 아이)라고나 할까? 태양이는 그것이 더 힘겹고 속상했다.

　오늘 태양이는 저녁도 대강 먹고, 방으로 돌아와 침대에 바로 누웠다. 오늘따라 몸도 힘들고 마음도 힘들고, 혼자 있을 엄마가 너무도 보고 싶어 살짝 눈물이 났다. 그때였다. 휴대 전화가 울렸다. 엄마였다.

　"어, 엄마!"

　"그래, 우리 아들. 잘 지내니? 밥은 먹었고?"

　"그럼, 잘 지내지. 밥도 아주 많이 먹었어. 그런데 벌써 아들이 보고 싶으신가 보죠?"

엄마가 걱정하실까 봐 아무렇지도 않은 척 대답하고 나니 마음이 더 울적해졌다.

"당연히 보고 싶지. 그런데 태양아, 부탁이 있어서 전화했어."

부탁이라니? 엄마한테 한 번도 들어 보지 못한 말이다. 왠지 무거운 엄마 목소리도 마음에 걸렸다.

"너 장미 이모 알지?"

장미 이모라면, 엄마의 대학 동창으로 '장미'라는 초등학교 3학년 아이의 엄마. 예전에 몇 번인가 만난 기억이 있다.

"그 이모 남편, 그러니까 장미 아빠가 어젯밤에 교통사고로 죽었대."

순간, 머리카락이 쭈뼛 서고 온몸이 굳는 느낌. 그 아저씨라면 태양이도 한두 번 본 적이 있는데, 갑자기 교통사고로 죽었다니!

"그런데 좀 이상하다는 거야."

들어 보니, 장미 이모의 남편 이명훈은 어제 대학 동창 모임에 갔다가 친구인 박상식의 차를 타고 집으로 돌아오고 있었는데, 교통사고가 나서 이명훈은 그 자리에서 숨졌고 박상식은 크게 다쳤다.

그런데 장미 이모가 소식을 듣고 놀라서 경찰서로 가 보니, 남편 이명훈이 박상식의 차를 운전하다가 사고를 냈다는 것이다. 장미 이모는 절대 그럴 리가 없다, 남편이 왜 자기 차도 아닌데 운전을 했겠냐, 게다가 남편은 한 달 전에 음주 운전으로 면허가 정지된 상태인데 운전을 했다니 말도 안 된다고 했으나, 오히려 경찰은 이전에도 음주 운전을 했으니 또 할 수도 있는 거 아니냐고 했단다.

"그러니 네가 좀 알아봐 줄 수 있겠니?"

태양이는 난감했다. 'CSI'가 되긴 했지만 다른 아이들과 별로 친하지도 않고, 게다가 이미 경찰에서 결론이 난 사건을 재조사하기는 쉽지 않을 것이다. 하지만 그렇게 말할 수는 없었다.

"네, 걱정 마세요. 제가 알아볼게요."

일단 그렇게 말씀드리고 전화를 끊었는데, 이제 어떡하나?

태양이가 일곱 살 때 태양이의 엄마 아빠는 이혼했다. 1년 후 태양이 아빠는 미국으로 이민을 가 재혼했고, 그 후 태양이가 아빠 얼굴을 본 것은 열 살 때 딱 한 번.

2년 전에 장미네 식구들과 우연히 같이 밥을 먹게 되었는데, 장미를 살뜰하게 챙겨 주는 장미 아빠의 모습이 태양이는 너무도 부러웠다. 그런데 그 아저씨가 돌아가시다니. 태양이는 소리 내어 울고 싶었다. 하지만 참아야 한다. 그런데 바로 그때였다.

"뭐 해? 불러도 대답도 안 하고."

태양이는 얼른 눈물을 삼키고 돌아보았다. 철민이었다.

"어! 너 울었냐?"

"아, 아니! 울긴. 왜 울어? 안 울었어. 그런데 왜?"

"밥 먹자마자 사라졌기에 어디 아픈가 해서 와 봤지."

그래도 태양이를 가장 많이 챙겨 주는 아이는 철민이다.

"그냥 좀 쉬려고."

"그래? 그런데 너 진짜 운 것 같다. 눈가가 촉촉한데. 아! 너 엄마 보고 싶어서 그러는구나. 하기야 나도 처음 여기 들어왔을 때 한 달은 완전 죽을 맛이더라고. 저녁 때 자려고 누우면 얼마나 엄마가 보고 싶던지, 나도 가끔 눈물을 흘렸지. 하하하."

"안 울었다니까."

"에이~, 울었잖아. 왜, 내가 소문낼까 봐? 킥킥킥."

장난기 가득한 얼굴로 킥킥거리는 철민이. 정말 이 아이의 머릿속은 알 수가 없다. 여기저기 참견을 다 하고 다니면서 쉴 틈 없이 떠들어 대는 게 힘들지도 않은지. 하지만 그나마 관심 가져 주고, 말이라도 정답게 걸어 주는 철민이의 모습이 태양이는 밉지 않았다.

그래서 그런지 태양이는 자신도 모르게 자초지종을 털어놓고 말았다. 그런데 다 듣고 난 철민이는 너무 쉽게 말했다.

"그래? 그럼 무슨 걱정이야. 우리가 알아보면 되지."

"우리가?"

"그래! 내가 도와줄게."

선뜻 도와주겠다고 나서는 철민이. 하지만 그게 그리 쉬운 일이겠는가.

"마음은 고마워. 그런데 이런 일은 맘대로 할 수 없을 거야."

"걱정 마. 내가 안 형사님한테 말씀드려 볼게. 기다려!"

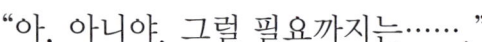

그러더니 말릴 틈도 없이 벌떡 일어나 뛰어나가는 철민이.

"아, 아니야. 그럴 필요까지는……."

말은 그렇게 했지만 태양이도 얼른 철민이의 뒤를 따라갔다. 그러나 안 형사의 반응은 예상대로였다.

"이미 경찰에서 수사해서 종결된 사건을 마음대로 재수사할 수는 없어. 정 하고 싶으면 교장 선생님께 여쭤 보던지."

헉! 교장 쌤께? 태양이는 괜한 말을 꺼냈나 싶었다. 그런데 철민이는 오히려 좋아하는 것이 아닌가.

"아싸~, 됐다! 가자!"

"괜히 교장 쌤한테 혼나는 거 아냐?"

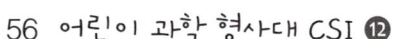

태양이가 걱정스레 묻자 철민이가 대답했다.

"어유~. 넌 아직도 교장 쌤을 그렇게 모르냐! 걱정 마."

철민이의 예상이 맞았다. 잠시 고민하던 박 교장은 흔쾌히 허락했다.

"그래. 어머니 친구분 상심이 크시겠구나. 내가 경찰서에 실습으로 그 사건을 조사해 보겠다고 할 테니 한번 해 봐라."

"감사합니다, 감사합니다."

태양이는 몇 번이나 인사를 하고 나왔다.

"거 봐. 내 말이 맞지?"

의기양양한 철민이. 태양이는 철민이가 정말 고마웠다.

교통사고의 진상

시간이 꽤 늦었지만 태양이와 철민이는 곧장 병원 장례식장으로 가서 장미 이모를 만났다. 태양이 엄마도 기다리고 있었다.

"어떻게 된 일인지 자세히 좀 말씀해 주세요."

"어제 저녁 동창회가 있다고 나갔거든. 그러더니 오늘 새벽 2시 반쯤 전화를 했어. 술집에서 나와 출발한다고. 그래서 어떻게 오냐고 했더니, 박상식이라는 친구의 차를 얻어 타고 가니까 걱정하지 말라면서 3, 40분쯤 걸릴 거라고 했어. 그래서 내가 박상식 씨는 술 안 마셨냐고 했더니, 대리 운전 부를 거니까 걱정 말라고 분명히 그랬거든."

그런데 그 후 2시간이 지나도 남편이 안 오기에 이상한 생각이 들어 휴대 전화로 전화를 걸었으나 받지 않았다. 그래서 걱정을 하고 있는데, 새벽 5시쯤 경찰서에서 남편이 교통사고로 사망했으니 빨리 병원으로 오라는 전화가 걸려 왔다는 것이다.

"그래서 왔더니, 글쎄……. 흑흑흑."

어찌 놀라지 않았겠는가! 몇 시간 전까지만 해도 집에 돌아오겠다던 사람이 싸늘한 주검이 되어 누워 있으니.

"그런데 더 기가 막힌 건 우리 남편이 운전을 했다면서 피해자가 아니라 가해자라는 거야. 이게 말이 되냐고! 흑흑흑."

그러니까 경찰의 말에 따르면, 남편 이명훈이 친구 박상식의 차를 운

전하고 가다가 사고를 내 그 자리에서 숨졌다는 것이다.

"분명히 대리 운전 부를 거라고 했거든. 게다가 자기 차도 아닌데 술 마신 사람이 왜 운전을 했겠어. 운전 면허도 정지당한 상태인데."

"운전 면허는 왜 정지된 거죠?"

"3주 전에 음주 운전 하다가 걸렸거든. 집 앞에서 친구랑 술 한 잔 하고 들어오다가 그만 딱 걸린 거야. 물론 그전에는 그런 적이 한 번도 없었어. 그때도 집이 바로 앞이니까 괜찮겠지 하다가 걸린 거지."

"혹시 사고 현장을 목격한 사람은 없었나요?"

철민이가 물었다.

"워낙 늦은 시간이었고 한적한 길이라 아무도 없었나 봐. 사고 신고도 박상식 씨가 깨어나서 했대."

"그럼 아저씨가 운전했다는 얘기는 박상식 씨가 한 건가요?"

"응, 그랬대."

태양이는 머리가 복잡해졌다. 지금 장미 이모의 주장은 말 그대로 그랬을 것이라는 추측에 불과하다. 같이 사고를 당한 사람이 이명훈이 운전했다고 진술한 데다가 음주 운전 경력까지 있으니 아주 불리한 상황. 게다가 그 자리에서 사망했으니 이명훈의 주장은 들을 수조차 없는 상태. 목격자도 없는데 장미 이모의 말을 누가 증명해 줄 것인가!

"물론 우리 장미 아빠가 운전했을 수도 있지. 하지만 아닐 수도 있잖아. 어떻게 됐든 사실인지 아닌지는 확실하게 알고 싶어. 부탁한다."

태양이의 손을 꼭 잡고 부탁하는 장미 이모. 눈물을 뚝뚝 흘리는 모습을 보니, 태양이는 장미가 생각났다. 아직 이 사실을 모른다는데, 알면 얼마나 슬퍼할까. 철민이가 태양이의 어깨에 손을 얹으며 말했다.

"일단 경찰서에 가 보자. 조사 기록이랑 사고 차량을 보면 좀 더 명확해지겠지."

경찰서에 도착하니, 어느새 밤 9시가 넘었다. 사건을 담당한 송진우 경사는 늦은 밤에 찾아온 불청객을 껄끄러운 표정으로 맞았다.

"다 끝난 사건으로 무슨 실습이야, 실습은."

그러자 철민이가 슬쩍 너스레를 떨었다.

"그러게 말이에요. 사실 저희도 수업 들으랴, 숙제하랴 정말 정신없거든요. 그래도 어떡해요. 실습 점수 안 나오면 유급인데."

그러자 살짝 표정이 누그러진 송 경사.

"차는 주차장에 있으니까 가 봐. 깜깜해서 보이기나 할는지······."

그러고는 슬쩍 자리를 피했다. 역시 임기응변에 능한 철민이. 태양이는 마치 자기 일처럼 나서 주는 철민이가 정말 고마웠다.

수사 일지에는 살아남은 박상식의 진술서와 사건 현장에서 찍은 몇 장의 사진이 들어 있었다. 박상식의 차는 800cc짜리 경차로, 출고된 지 10년이 넘은 차. 박상식의 진술에 따르면, 두 사람은 오감동의 한 술집에서 술을 마신 후 새벽 2시 30분쯤 나왔다. 자신이 대리 운전을 부르겠다고 하자 이명훈이 자기는 별로 안 마셨다며 자기가 운전하겠다고 했단다. 그래서 이명훈이 운전하고 자신은 조수석에서 자고 있었는데, 갑자기 퍽 소리와 함께 정신을 잃었다고 한다.

한참 후에 깨어나 보니, 차는 전봇대를 들이받아 앞면이 반쯤 부서져 있었다. 퍼뜩 이명훈이 생각나 옆을 보니, 그는 운전대를 잡고 쓰러져 있었다. 그래서 차가 폭발할까 두려워 얼른 이명훈을 차에서 끌어내린 다음, 곧바로 112에 신고했다는 것이다.

다음으로 출동한 경찰이 조사해 기록한 내용을 보니, 차가 곡선 도로에서 커브를 제대로 돌지 못하고 전봇대를 들이받았으며 그로 인해 전봇대도 크게 부서져 있었다. 이외에 차량 파손 사진과 바큇자국 사진, 깨진 부속품 사진 등이 첨부되어 있었다.

신고가 들어온 건 새벽 4시가 조금 넘은 시간. 이명훈의 피를 채취해 혈중 알코올 농도를 조사한 결과, 만취 상태인 0.152%. 경찰은 모든 상황을 종합해 이명훈이 만취 상태로 운전하다가 사고를 내고 사망한 것으로 결론지었다. 그리고 부검 결과, 이명훈의 사망 원인은 두개골 파열.

그렇게 수사 일지를 검토한 철민이와 태양이는 주차장으로 나가 사고 난 차를 보았다.

혈중 알코올 농도는 어떻게 잴까?

혈중 알코올 농도를 재는 가장 일반적인 방법은 호흡을 이용하는 거야. 숨을 쉴 때 내뱉는 공기 안에는 알코올 분자가 포함되어 있어. 이 알코올 분자가 음주 측정기 안에 든 백금 전극에 닿을 때 발생하는 전류의 양을 재어 혈중 알코올 농도를 알아내지. 또 다른 방법은 피를 채취하는 거야. 피에 열을 가해 휘발되는 기체를 주사기에 모아 기체 크로마토그래피를 통해 분리함으로써 알코올이 핏속에 얼마나 들었는지 알아내지.

자동차 앞쪽은 심하게 찌그러졌고 앞 유리는 거의 다 깨지거나 금이 가 있었다. 차 안 여기저기에는 핏자국과 각종 물건들이 어지럽게 흩어져 있어 사고 당시의 처참함이 고스란히 느껴졌다.

"일단 핏자국을 채취해 보면 어떨까? 피가 떨어진 위치와 DNA를 알면 누가 어디에 있었는지 알 수 있을 거야."

태양이의 말에 철민이도 고개를 끄덕였다. 둘은 차 앞쪽과 핸들, 그리고 바닥에 떨어진 핏자국을 채취해 감식을 의뢰했다.

현장에도 가 봐야 하는데 이미 10시 반이 넘었으니, 가 봤자 컴컴해서 제대로 볼 수도 없을 터. 둘은 할 수 없이 학교로 돌아왔다.

그런데 막 기숙사 현관 앞에 도착했을 때였다. 별이가 현관으로 들어가는 것이 보였다. 철민이가 반가운 목소리로 불렀다.

"어이, 강별! 우리 기다리고 있었구나?"

그런데 별이는 대답도 없이 힐끗 쳐다보기만 하고 그냥 가 버렸다. 기분이 별로 안 좋은 듯했다. 철민이가 얼른 따라붙으며 다시 물었다.

"우리 기다린 거 아냐?"

"아니."

찬바람이 쌩~ 하고 부는 대답. 태양이는 워낙 쌀쌀맞은 별이의 행동이 아직 익숙하지 않다. 특히 자신에게 더 그러는 것 같아 별이를 대하기 어렵다. 하지만 철민이는 다르다. 언제 어디서나 온갖 구박에도 불구하고 할 말은 다 한다.

"그럼 뭐 했어? 아, 도서관 갔다 오는구나! 숙제 다 했어? 다 했으면 나 좀 보여 줘라. 응?"

순간, 철민이를 째려보는 별이. 그러고는 기숙사로 들어간다. 하지만 계속 히죽거리며 따라가는 철민이. 철민이는 워낙 오랫동안 별이를 겪어 봤기 때문에 별이의 까칠함에 아주 익숙하다. 별이가 겉으로만 그렇지 속은 한없이 여린 아이라는 걸 알기 때문이기도 하다. 철민이가 보기에도 별이가 태양이에게 좀 너무하는 경우가 있는데, 별이는 그걸 'CSI'로 뽑히지 못한 남우에 대한 어느 정도의 예의라고 생각하는 것 같았다.

그런데 앞서 가던 별이가 갑자기 몸을 휙 돌리더니 말했다.

"들었어. 잘해 봐."

그러고는 다시 쌩하니 가 버리는 별이. 잘해 보라니? 뭘 잘해 보라는 건지. 숙제? 아니면 혹시 사건 조사? 태양이와 철민이에 대한 얘기를 들었나 보다. 별도의 행동을 하는 둘이, 아니 태양이가 맘에 안 들어 화가 난 것일까? 태양이는 괜히 별이에게도 미안한 마음이 들었다.

사건 현장에 가다

다음 날, 어제 의뢰한 혈흔 감식 결과가 나왔다. 그런데 운전석과 조수석, 그리고 바닥에 있던 피에서 두 사람 모두의 DNA가 검출되었다.

"사고 당시에 피가 사방으로 튀면서 뒤섞였나 봐."

태양이의 말에 철민이도 자신의 의견을 말했다.

"박상식이 이명훈을 끌어 내리면서 피가 뒤섞였을 수도 있겠지."

그렇다면 핏자국만으로는 사고 당시의 두 사람 위치를 파악할 수 없다는 뜻. 둘은 조금은 실망하며 사건 현장으로 향했다.

사건 현장은 평일 오후 시간임에도 아주 간간히 차들이 지나가는 한적한 길. 이런 길에서 그것도 새벽에 사고가 났으니, 사고 목격자가 없는 것이 어느 정도 이해가 되었다.

현장은 이미 정리되어 있었다. 자동차의 최종 위치가 흰색 페인트로 표시되어 있고, 바큇자국도 선명하게 남아 있었다. 수사 일지에 기록된 대로 커브 길을 돌다 길옆에 세워진 전봇대를 미처 보지 못하고 들이박은 듯. 차의 상태나 전봇대가 부서진 정도로 봐서는 속도를 거의 줄이지 못하고 충돌했음이 분명했다.

철민이와 태양이는 열심히 사고 현장 사진을 찍었다. 하지만 장미 이모의 주장을 뒷받침할 증거는 없었다. 그래서 아이들은 이명훈을 부검한 의사를 만나러 갔다.

"머리를 심하게 부딪쳐서 두개골이 파열됐어. 피도 많이 흘렸고 몸 여기저기에도 타박상이 있어. 같이 사고를 당한 사람에 비해 심하게 다친 것으로 봐서 안전띠를 매지 않았던 것 같아."

그렇다면 음주 운전에 안전띠까지 매지 않고 운전을 했단 뜻이다. 말 그대로 죽으려고 작정하지 않고서야 어떻게 그럴 수 있단 말인가? 철민이와 태양이는 도저히 이해가 되지 않았다.

"박상식 씨 상태도 좀 알아보자."

박상식은 아직 중환자실에 있었다.

"가슴과 오른쪽 발목에 골절이 있고, 이마도 많이 찢어진 상태야. 몸 여기저기에 타박상도 있고."

직접 박상식을 만나고 싶었지만 아직은 안정이 필요한 상태라 면회를 할 수는 없었다.

"있잖아, 그날 동창 모임이 있었다고 했지? 그럼 둘만 만나지는 않았을 테니, 함께 있었던 사람들을 만나 보면 그날 누가 운전했는지 알 수 있지 않을까?"

철민이가 의견을 말했다. 그렇다. 일단 그날 함께 있었던 사람들을 만나야 한다. 아이들은 다시 병원으로

안전띠는 왜 매야 할까?

교통사고가 났을 때 안전띠를 매지 않은 상태에서 팔과 다리로 버틸 수 있는 힘은 자동차가 시속 7km로 달리다가 충돌했을 때의 충격력이라고 해. 그런데 시속 7km로 달리는 차가 얼마나 있겠어. 그러니까 교통사고가 나면 그 이상의 충격력은 그대로 사람에게 전달되지. 안전띠는 시속 150km로 달리다가 충돌했을 때의 충격력을 지탱할 수 있대. 그러니까 '안전띠는 생명띠'라는 사실, 절대 잊지 말아야겠지?

가서 장미 이모에게 물었다.

"어제 남편 친구들이 왔다 갔거든. 그래서 물어보니까 처음엔 5명이 만났다고 하더라고. 그런데 셋은 12시쯤 먼저 가고, 장미 아빠랑 박상식 씨, 두 사람만 끝까지 남아 있었다는 거야."

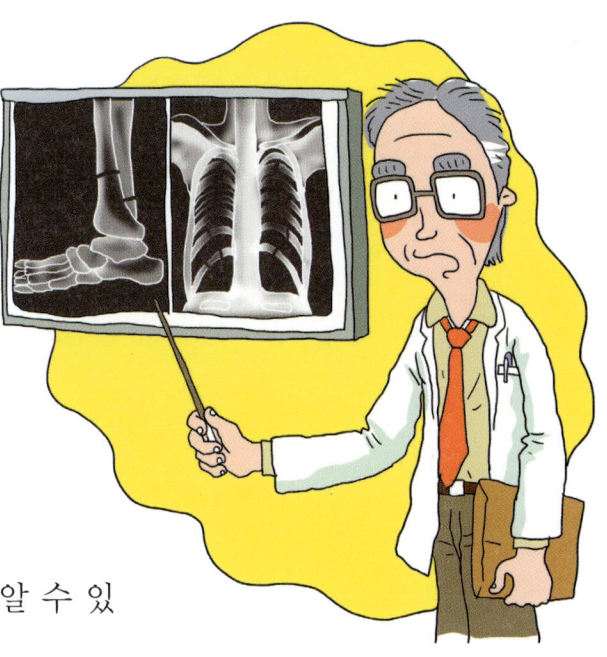

"그럼 어느 술집에 있었는지 알 수 있을까요?"

태양이가 물었다.

"잠깐만. 남편 친구 전화번호를 받아 놓은 게 있어."

태양이는 곧바로 그날 함께 있었다는 이명훈의 친구에게 전화를 걸어 술집의 위치를 알아냈다. 작은 와인 바. 둘은 곧바로 그곳으로 가서 주인을 만났다.

"기억나지. 문 닫을 시간이 지났는데도 나갈 생각을 안 했거든. 내가 가서 말하니까 그제야 일어섰어."

"그게 몇 시쯤 됐나요?"

철민이가 물었다.

"2시 반쯤이었을걸."

"혹시 누가 운전하고 갔는지는 못 보셨나요?"

"그건 못 봤지. 내가 대리 기사 불러 드린다고 했더니, 괜찮다며 많이 안 마셨다고 하더라고."

"누가요?"

태양이가 물었다.

"키 작고 양복 입은 사람."

가만, 그럼 박상식인데. 이명훈은 키가 꽤 큰 편이고 사고가 난 날에는 점퍼를 입고 있었다.

"그런데 내가 보기엔 그분이 더 많이 드신 거 같았어. 그래서 내가 대리 기사 불러 드리겠다고 다시 말했는데, 한사코 괜찮다는 거야. 그

러니까 옆에 계신 키 큰 분이 걱정 말라고, 자기가 알아서 부르겠다고 하면서 나갔어."

"그럼 정말 이모님 생각대로 박상식 씨가 운전한 거야?"

철민이의 말에 태양이는 잠시 말이 없었다. 그러더니 고개를 갸우뚱하며 말했다.

"혹시 이랬던 건 아닐까? 박상식 씨가 자꾸 괜찮다고 하니까 아저씨가 그럼 자기가 덜 취했으니까 자기가 운전하겠다고. 그래서 결국 아저씨가 운전을 하게 된 거지."

태양이의 말에 철민이는 황당하다는 듯 대답했다.

"뭐야? 정신 차려. 지금 넌 이명훈 씨 편들어야 되는 거야."

"편? 그렇게 말하니까 좀 이상하네. 그래, 맞는 말이야. 난 아저씨가 운전하지 않았다는 것을 밝혀내야 하지. 하지만 자꾸 그렇게 생각하니까 정말 그런 것 같잖아. 정확한 증거는 아무것도 없는데 말이야. 그래서 되도록 반대편 입장에서 생각해 보려고 해."

"오, 신태양! 너 형사 다 됐다. 하하하."

그나저나 또다시 날이 저문 지 오래. 아무래도 수업이 끝나고 사건을 조사하러 다니다 보니 시간이 부족하다. 게다가 철민이도 공부할 게 많고 피곤할 텐데 시간을 너무 많이 빼앗는 것 같아 태양이는 미안한 마음이 들었다. 학교로 돌아오는 길에 태양이가 조심스럽게 말을 꺼냈다.

"철민아, 정말 고마워. 그리고 내일부터는 나 혼자 다닐게."

"엥? 그게 무슨 소리야? 내가 도움이 안 돼서 그러는 거야?"

"아, 아니야. 그런 건 아니야. 너한테 너무 미안해서."

"미안해 할 거 없어. 나도 교통사고 사건, 한번 해결해 보고 싶었어. 그냥 실습한다고 생각하고 있으니까 너무 걱정 마."

어수선하기만 한 철민이가 아니다. 의리도 있고 마음도 넓다. 태양이는 철민이와 좋은 친구가 될 것 같은 느낌이 들었다.

단서를 찾아내다

다음 날 아침 7시. 오늘도 아침 체력 훈련이 시작되었다. 이틀 내내 수업이 끝난 후 여기저기 돌아다닌 태양이와 철민이는 너무 피곤했다. 영 기운을 못 차리고 헉헉대니, 안 형사가 버럭 소리를 질렀다.

"뭐야, 정신 못 차려!"

순간, 둘뿐만 아니라 다른 아이들까지도 모두 정신이 번쩍 들었다. 역시 안 형사, 무섭긴 무섭다. 그렇게 겨우겨우 아침 운동을 끝내고 식사를 하는데, 수리가 관심을 보이며 물었다.

"어떻게 돼 가고 있어?"

"잘 안 되고 있어. 솔직히 사건을 많이 다뤄 본 것도 아니고 교통사고 사건은 처음이라 뭐가 뭔지 잘 모르겠어."

태양이의 솔직한 대답에 수리는 고개를 끄덕였다. 요즘 이상하게 수리는 태양이가 자꾸 신경 쓰였다. 지리산 종주 때 노래를 부르던 태양이의 모습이 너무 멋졌기 때문일까? 안 형사가 태양이랑 철민이는 해결할 사건이 생겨서 저녁 공부에 당분간 빠질 거라고 얘기했을 때부터 수리는 무슨 사건인지, 어떻게 되어 가고 있는지 궁금했다. 그래서 몇 번이나 물어보고 싶었지만 용기가 나지 않았던 것.

그런데 오늘 아침, 태양이가 안 형사한테 혼나는 모습을 보니 마음이 아팠다. 그래서 수리답지 않게 용기를 내서 물어본 것이다. 수리는 이왕 이렇게 된 거 한 번 더 용기를 내기로 했다.

"그럼 우리가 좀 도와줄까?"

그러자 옆에 있던 별이가 바로 태클을 걸었다.

"우리? 왜 우리야? 내가 언제 도와준다고 했어?"

정나미가 뚝뚝 떨어지는 말투. 아무리 도와주기 싫어도 그렇지, 면전에 대고 꼭 그렇게 말해야 하나? 태양이는 살짝 기분이 나빴다. 맘 같아서는 아무리 급해도 네 도움은 절대 안 받겠다고 말하고 싶었지만, 그럼 괜히 분위기만 나빠질 것 같아 꾹 참았다. 그러나 별이의 성격을 잘 아는 철민이는 얼른 달라붙어서 아양을 떨기 시작했다.

"아잉~, 그러지 말고 좀 도와주라. 우린 유능한 두 형사님들의 도움이 꼭 필요하다고. 응?"

그러자 수리도 거들었다.

"그래, 우린 한 팀이잖아. 같이 해 보자."

"난 공부해야 돼서 바빠. 도와주려면 수리 너나 도와줘."

매몰차게 말하고 쌩하니 가 버리는 별이.

"으~, 춥다 추워. 찬바람이 쌩쌩 분다."

철민이가 너스레를 떨고 태양이는 고개를 숙였다. 그리고 생각했다.

'내가 그렇게 미운가? 내가 뭘 그렇게 잘못했다고.'

억울한 생각도 들었다. 하지만 대놓고 싸울 태양이는 아니다. 태양이의 기분을 알았는지 철민이가 얼른 수습하고 나섰다.

"괜찮아. 우리에겐 수리가 있잖아. 물리 영재 황수리! 하하하!"

그렇게 해서 수리는 철민이와 태양이를 도와주게 되었다. 수업이 끝난 후, 철민이와 태양이는 현장에서 찍은 사진들을 수리에게 보여 주며 사건에 대해 자세히 설명해 주었다.

"그런데 말이야, 아무리 생각해도 경찰 조사가 맞는 거 같단 말이야. 이명훈 씨가 운전을 하지 않았다는 증거는 아무리 찾아도 없어."

그렇다. 이쯤에서 포기해야 할지도 모른다. 솔직히 이명훈이 운전을 하지 않았다는 장미 이모의 주장은 단지 추측일 뿐이지 않는가.

바로 그때였다. 사진을 한 장 한 장 유심히 보던 수리가 물었다.

"현장에 좀 가 볼 수 있어?"

"물론이지."

아이들은 곧바로 현장으로 향했다. 수리는 바퀴자국과 전봇대의 상태 등을 유심히 살폈다. 철민이가 옆에서 말했다.

"전봇대를 못 보고 그대로 들이박은 거 같아."

태양이가 설명을 덧붙였다.

"바퀴자국이 짧은 것으로 봐서 거의 충돌 직전에 전봇대를 발견한 것 같아. 그래서 미처 핸들을 꺾지 못했나 봐."

그러자 수리가 고개를 끄덕이며 말했다.

"맞아. 만약 핸들을 꺾었다면 바퀴자국이 핸들을 꺾은 방향으로 휘어졌을 거야. 그리고 차도 정면이 아니라 핸들을 꺾은 방향의 반대쪽이 더 많이 파손됐겠지. 그렇다면! 혹시 자동차 앞 유리 봤어?"

"봤지. 꽤 많이 깨져 있던데."

철민이의 대답에 수리는 다시 물었다.

"어디가 어떻게 깨져 있어? 아, 아니다. 가서 보자."
아이들은 사고 차량이 있는 경찰서로 갔다. 태양이가 물었다.
"앞 유리는 왜?"
"정지한 물체는 외부에서 아무런 힘이 작용하지 않는 한 그대로 정지해 있으려 하고, 움직이는 물체는 계속 움직이려 하는 성질을 '관성의 법칙'이라고 하거든."
"그야 나도 알지. 그래서 움직이던 버스가 갑자기 서면 몸이 앞으로 쏠리잖아."
철민이가 아는 척했다.
"맞아. 관성의 법칙이 분명하게 드러나는 경우는 자동차가 급정차하거나 급출발할 때야. 달리던 차가 갑자기 멈추면 그 안에 있던 사람은 계속 움직이려는 관성 때문에 앞으로 쏠리게 돼. 반면 정지해 있던 차가 갑자기 출발하면 그 안에 있던 사람은 계속 정지하려는 관성 때문에 뒤로 쏠리게 되지."
"그런데 그게 자동차 앞 유리 깨진 거랑 무슨 상관이 있어?"
철민이가 다시 물었다.
"생각해 봐. 만약 충돌 직전에 핸들을 꺾었다면 옆쪽으로 몸이 튕겨 나갔을 확률이 크지만, 핸들을 꺾지 않고 정면충돌했잖아. 그러니까 관성의 법칙에 의해 이명훈 씨는 앉았던 자리 바로 앞 유리에 머리를 부딪쳤을 거 아냐. 부검 결과 사인이 두개골 파열이라며."

"그렇다면 그가 부딪친 앞 유리는 아주 많이 깨졌을 테고, 거기에 이명훈 씨의 머리카락이나 피가 묻어 있을 확률이 높지."

"맞다! 왜 그 생각을 못했지!"

철민이가 무릎까지 치며 말했다. 아이들은 경찰서에 도착하자마자 사고 차량이 있는 곳으로 향했다. 앞 유리를 살펴보니, 조수석 쪽 유리창은 구멍이 났을 정도로 깨진 상태. 그에 비해 운전석 쪽의 유리창은 금이 많이 가 있지만 구멍은 나지 않았다. 그때였다.

"있다."

조수석 앞 유리를 자세히 살피던 수리가 말했다.

"머리카락. 그리고 핏자국도 있어."

수리가 가리키는 곳을 보니, 구멍 난 유리 조각 사이에 머리카락이 세 올 정도 끼어 있고, 피도 묻어 있었다.

"운전석에도 있을 거야."

수리의 말에 운전석 앞 유리를 보니, 핏자국이 있다.

"관성의 법칙에 의해 충돌 직후 두 사람은 곧바로 앞으로 튕겨 나갔을 테고, 그로 인해 부상을 입었겠지. 그런데 운전석에 비해 조수석의 유리가 훨씬 많이 부서졌잖아. 구멍이 났을 정도로. 그러니 조수석에 앉아 있던 사람이 더 심하게 다쳤을 확률이 높지 않겠어?"

맞다. 그렇다면 사망한 이명훈이 조수석에 앉았을 확률이 더 높다.

"피랑 머리카락 검사해 보면 바로 나오겠네."

　철민이가 신 나서 말했다. 태양이는 조심스럽게 앞 유리창에 있는 머리카락과 피를 채취했다. 수리가 운전석을 유심히 살피며 말했다.

　"오래된 차라 에어백이 없네. 그럼 운전자가 핸들에 부딪쳐 가슴에 부상을 입었을 확률이 높은데."

　"가슴에 부상? 맞아! 박상식 씨 담당 의사가 그랬어. 박상식 씨는 가슴 골절이 심하다고."

　태양이가 놀라며 말하자 철민이도 좋아라 말했다.

　"그럼 박상식 씨가 운전한 거 맞네. 가만, 그럼 오른쪽 발목 골절은 혹시 브레이크나 액셀러레이터에 부딪쳐서 생긴 게 아닐까?"

　"그래. 그럴 수도 있겠다. 다시 확인해 보자."

누가 운전자일까? 77

아이들은 채취한 피와 머리카락의 감식을 의뢰한 후, 곧바로 박상식의 담당 의사에게 가서 그의 부상 부위에 대해 다시 물었다.

"가슴 골절이 핸들에 의한 것일 수도 있을까요?"

태양이의 물음에 의사는 고개를 끄덕였다.

"그럴 수도 있지. 에어백이 없는 경우라면 더욱 그럴 수 있지."

그러자 이번엔 철민이가 물었다.

"그럼 오른쪽 발목 골절은 브레이크나 액셀러레이터에 부딪쳐 생긴 것일 수도 있겠네요?"

"그래. 앉아 있는 상태에서 발목이 골절됐다는 건 앞에 뭔가가 있었을 확률이 높으니까."

그렇다면 확실하다. 운전자는 박상식이다. 이제 피와 머리카락 DNA 감식 결과만 나오면 된다.

누명을 벗다

다음 날 아침, 드디어 기다리고 기다리던 감식 결과가 나왔다. 예상대로 조수석 앞 유리에서 발견된 핏자국은 이명훈의 것이고, 머리카락 DNA 검사 결과 역시 이명훈의 것으로 밝혀졌다. 그리고 운전석 앞 유리의 핏자국은 박상식의 것이었다.

이 정도면 이명훈이 아닌 박상식이 운전했음을 충분히 증명할 수 있다. 그렇다면 이제 할 일은 지금까지 모은 자료로 재조사를 의뢰하는 것. 아이들은 박 교장에게 조사한 내용을 자료와 함께 보고했다.

"수고했다. 증거 자료 첨부해서 전면 재조사하라고 하지."

교장실을 나오며 태양이가 물었다.

"그런데 왜 박상식 씨는 거짓말을 했을까?"

철민이가 대답했다.

"뻔하지. 사고 후 깨어 보니 친구는 이미 죽어 있고, 조사하면 자신이 술을 마신 상태에서 운전했다는 게 드러날 거 아냐. 게다가 사망 사고의 경우 구속되잖아. 어떻게든 피하고 싶었겠지."

"아무리 그래도 그렇지, 어떻게 친구가 죽었는데 그런 거짓말을 해?"

수리가 말했다. 맞는 말이다. 자신의 잘못으로 친구가 죽었는데 사죄는 못할망정 오히려 죄를 뒤집어씌우다니. 아무리 벌 받는 게 두려워도 이건 아니지 않는가!

아이들은 장미 이모와 태양이 엄마에게도 이 소식을 전했다.

"고맙다, 누명을 벗겨 줘서. 흑흑흑."

물론 그렇다고 죽은 사람이 살아 돌아오진 않는다. 하지만 가해자가 아니라는 것이 밝혀졌으니 그나마 다행이다.

그나저나 황수리, 대단하다. 솔직히 태양이는 수리의 실력이 이렇게 뛰어난지 몰랐다. 고향에서 꽤 이름을 날리던 영재라고 들었지만 워낙 말 없고 조용해서 잘 느끼지 못했던 것이다.

하기야 지난 번 'CSI' 선발 테스트 때에도 그림자를 이용해 범인이 사용한 범행 도구를 알아내고, 그것으로 범인을 잡았다고 들었다. 그때에도 대단하다고 생각하긴 했다.

그동안 태양이는 수리가 자신에게 전혀 관심 없는 듯 행동하기에 수리 역시 자신을 맘에 들어 하지 않나 보다 생각했다. 그런데 이렇게 선뜻 나서서 도와주니 정말 고마웠다. 게다가 사건을 완전히 뒤엎을 중요한 단서까지 찾아 주지 않았는가!

"고맙다. 정말 고마워."

태양이는 철민이와 수리에게 몇 번이고 고맙다는 인사를 했다. 그러자 살짝 얼굴이 붉어지는 수리. 하지만 아무렇지 않은 척 대답했다.

"고맙긴. 아무튼 잘 해결돼서 다행이다."

명랑 쾌활 양철민은 한술 더 뜬다.

"별 말씀을 다 하십니다요. 뭐든지 시켜만 주십쇼. 무조건 도와 드리겠습니다요."

"하하하."

아이들의 웃음소리가 휴게실에 울려 퍼졌다. 그런데 바로 그때, 문이 벌컥 열리더니 별이가 들어왔다. 표정이 영 좋지 않다. 순간, 싸한 분위기. 그러자 문을 닫고 나가 버리는 별이. 과연 별이는 언제쯤 마음이 풀릴는지, 그리고 언제나 태양이를 진짜 'CSI' 친구로 받아들여 줄지? 아직은 시간이 좀 더 필요한가 보다.

그로부터 이틀 후, 경찰에서 재조사한 결과를 알려 주었다. 물론 아이들이 수사한 대로 이명훈이 아닌 박상식이 운전했다는 사실이 명백하게 밝혀졌다. 사건을 담당한 경찰관이 음주 운전으로 면허가 정지된 이명훈에 대한 편견 때문에 박상식의 말만 믿고 초동 수사를 허술하게 했던 것이다.

아이들같이 초짜 형사뿐 아니라 베테랑 형사도 가끔 실수를 하나 보다. 그러니 'CSI'여, 언제 어디서나 섣불리 판단하지 말고, 절대 게으르지 말지어다!

 수리가 들려주는 **사건 해결의 열쇠**

음주 운전으로 인한 교통사고. 누가 진짜 운전자인지를 가려낼 수 있었던 사건 해결의 열쇠는 바로 관성. 그럼 관성에 대해 알아볼까?

💡 관성이란?

이탈리아의 과학자 갈릴레이는 경사면 위에서 공을 굴리면, 경사면 아래로 내려갈 때에는 속력이 빨라지고 경사면 위로 올라갈 때는 속력이 느려진다는 사실을 알아냈어.

갈릴레이는 여기서 더 나아가, '공이 평평한 수평면을 구르면 어떻게 될까?'가 궁금했어. 운동하던 물체가 멈추는 것은 마찰력 때문이므로, 마찰이 없는 수평면에서 움직이는 물체는 계속 움직일 것이라고 생각했지. 그런데 그 당시에는 마찰이 없는 곳을 만들어 낼 수 없었기 때문에 갈릴레이는 머릿속으로 생각하는 실험, 즉 '사고 실험'을 했어.

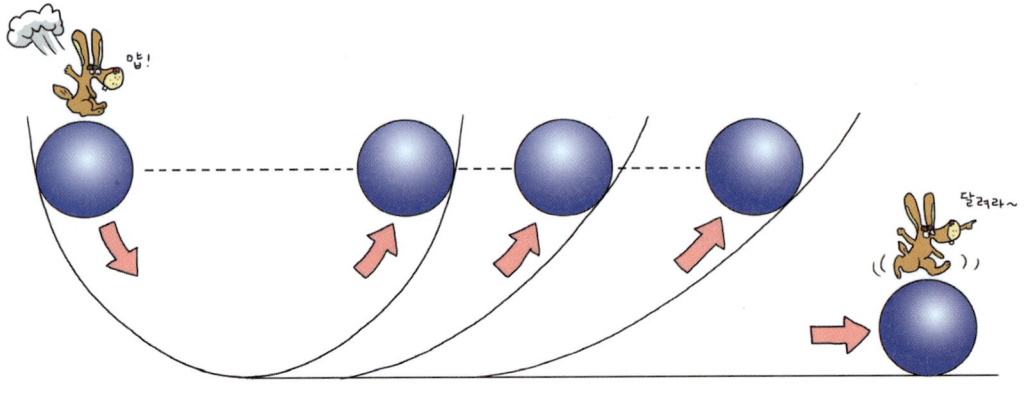

〈갈릴레이의 사고 실험〉

마찰이 없다면 빗면의 한쪽 끝에서 굴러 내려간 공은 정확히 처음과 같은 높이로 올라올 거야. 그리고 빗면을 완만하게 해도 처음과 같은 높이까지 올라오겠지. 빗면이 완만해질수록 공은 같은 높이로 올라오려고 점점 더 멀리 굴러가게 돼. 그러니 빗면을 수평면으로 만들면, 공은 처음과 같은 높이로 올라오려고 하기 때문에 영원히 굴러갈 거야.

이 사고 실험을 통해 갈릴레이는 마찰이 없다면 일단 움직인 물체는 아무런 힘을 받지 않아도 영원히 운동할 수 있다고 결론을 내렸지. 뉴턴은 이러한 갈릴레이의 생각을 정리해서 다음과 같은 법칙으로 만들었어.

"어떤 물체에 외부에서 힘이 작용하지 않거나 작용한 모든 힘의 합이 0일 때, 정지한 물체는 계속 정지해 있고 운동하는 물체는 계속 같은 속도로 직선 운동을 한다."

이것이 바로 '관성의 법칙'이야.

관성의 예

관성은 우리 생활 곳곳에서 흔히 발견할 수 있지. 달리기할 때를 생각해 봐. 결승선에 들어오면 멈추고 싶은데도 곧바로 멈춰지지 않고 계속 뛰게 되잖아? 운동하는 물체는 계속 운동하려는 관성 때문이지.

옷에 묻은 먼지나 물기를 털 때에도 관성이 작용해. 옷에 묻은 먼지나 물기는 관성 때문에 가만히 있으려고 하는데, 옷이 자꾸 움직이니까 먼지나 물기가 떨어지는 거지.

또, 그네를 밀다가 갑자기 그네를 잡으면 어떻게 될까? 그네에 앉아 있던 친구는 계속 움직이려고 하기 때문에 앞으로 넘어지게 될 거야. 하지만 좀 위험하니까 직접 해 보지는 말자.

옷을 털 때   그네를 탈 때

〈관성의 예〉

　회전하는 물체도 계속 회전하려는 성질을 가지고 있어. 외부에서 힘이 작용하지 않는 한 돌고 있는 물체는 계속 돌려고 하고, 돌지 않는 물체는 계속 정지해 있으려는 성질이지.
　뱅글뱅글 도는 놀이 기구인 뱅뱅이는 아무도 돌리지 않으면 그대로 서 있지만, 한번 돌리면 손을 놔도 어느 정도는 계속 돌잖아? 바로 계속 돌려고 하는 관성 때문이지.

💡 자동차와 관성

　특히 자동차는 관성의 특징을 잘 보여 주지. 자동차가 달리다가 갑자기 멈추면 차 안에 있던 사람들은 계속 앞으로 가려는 관성으로 인해 몸이 앞으로 쏠리지. 반대로, 멈춰 있던 자동차가 갑자기 출발하면 차 안에 있던 사람들은 계속 멈춰 있으려 하기 때문에 몸이 뒤로 쏠리게 돼. 그래서 자동차를 타고 갈 때에는 안전띠를 꼭 매야 하는 거야. 안전띠는 급정차할 때 우리 몸이 앞으로 튕겨 나가는 것을 막아 주거든.
　이외에도 우리가 버스나 지하철, 자전거를 탈 때에도 흔히 관성을 경험하게 되지.

 그렇다면 관성에 의해 작용하는 힘인 관성력은 항상 똑같을까? 그렇지 않아. 무거운 트럭과 그보다 가벼운 승용차가 같은 속력으로 달리다가 갑자기 브레이크를 밟았어. 과연 어떤 차가 더 많이 미끄러질까? 그래, 트럭이 더 많이 미끄러져. 이는 트럭에 승용차보다 더 큰 관성력이 작용하기 때문이야. 관성력이 클수록 정지하는 데 더 많은 시간이 걸리기 때문에 더 많이 미끄러지거든. 즉, 관성력은 물체의 질량과 비례한다는 것을 알 수 있지.

급출발할 때 　　　　　　　　　급정거할 때

〈자동차와 관성〉

 그러니까 생각해 봐. 달리던 자동차가 전봇대를 들이박고 멈춘 교통사고. 자동차가 갑자기 멈추면 차에 탄 사람들은 관성에 의해 앞으로 계속 나가려고 하지. 그래서 앞 유리에 부딪친 거야. 이때 유리에 남은 핏자국과 머리카락을 분석해 운전자가 이명훈이 아닌 박상식이었다는 사실을 밝혀낸거지. 어때, 이젠 알겠지?

핵심 과학 원리   기온과 바람

사건 3

국회 의원 자살 사건

"뉴스 속보입니다. 오늘 새벽 미래당 심대한 의원이 자택에서 숨진 채 발견됐습니다."

뭐, 미래당 심대한 의원이 죽었다고? 심대한 의원이라면 최근 5억 원의 뇌물을 받은 사건으로 온 나라를 시끌벅적하게 한 인물이 아닌가!

이상한 흔적들

쿵쾅쿵쾅! 복도에 울려 퍼지는 요란한 발소리. 순간, 철민이가 다급하게 외쳤다.

"100미터다! 100미터!"

그러자 소파에 널브러져 있던 아이들이 순식간에 벌떡 일어났다. 그때 쾅! 요란한 소리와 함께 문이 열리며 들어서는 이가 있었으니, 바로 안 형사. 워낙 큰 덩치에 성질까지 급해 도통 걸어 다니는 법이 없기 때문에 언제 어디서나 안 형사만 뜨면 100미터 전부터 알아차린다는 뜻으로 붙여진 별명, '100미터'.

그런데 게으름 피운다고 냅다 소리 지를 것 같던 안 형사가 갑자기 TV를 켜는 것이 아닌가. 도대체 무슨 일인지?

"뉴스 속보입니다. 오늘 새벽 미래당 심대한 의원이 자택에서 숨진 채 발견됐습니다."

뭐, 미래당 심대한 의원이 죽었다고? 심대한 의원이라면 최근 5억 원의 뇌물을 받은 사건으로 온 나라를 시끌벅적하게 한 인물이 아닌가! 그런데 그가 죽다니, 갑자기 왜?

"책상 위에서 유서가 발견된 점으로 봐서 현재까지는 자살로 추정하고 있습니다. 오늘 오후 검찰 출두를 앞두고 벌어진 사건이라 그 사망 동기에 대해……."

자살이라니! 그렇다면 뇌물 수수 사건으로 인해 자살을 했단 말인가?
"경찰은 남겨진 유서의 진위에 대해서도 철저하게 수사하겠다고 밝혔습니다. 이상 뉴스 속보를 마칩니다."
띵~. 안 형사가 TV를 끄자, 모두 안 형사를 쳐다봤다.
"이 사건, 너희가 맡는다. 5분 후에 출동이다. 준비하고 나와."
그래서 갑자기 뛰어 들어와 뉴스를 보여 준 거구나. 안 형사가 나가자 아이들은 걱정이 되기 시작했다. 뉴스 속보에까지 나올 정도로 큰 사건인데 그걸 맡다니. 지난번 처음으로 맡았던 절도 사건과는 급이 전혀 다른 사건이다. 과연 잘할 수 있을까? 아이들은 걱정 반, 흥분 반인 상태로 사건이 접수된 범호동 경찰서로 갔다.

현장에 처음 출동한 경찰의 보고에 따르면, 시신이 발견된 시간은 아침 7시경. 도우미 아주머니가 발견해 신고했단다.

"부인과 사별하고 자녀 둘은 미국에 유학 중이라 도우미 아주머니하고만 사셨답니다."

늦어도 6시에는 잠자리에서 일어나는 심 의원이 오늘 아침에는 기척이 없어, 도우미 아주머니가 6시 30분쯤 깨우러 들어갔는데 화장실 앞에 옷가지가 있었단다. 그래서 샤워 중인 줄 알고 나왔는데, 한참이 지나도 나오지 않자 이상한 생각이 들어 화장실 문을 열어 보니, 샤워 커튼이 달린 봉에 목욕 수건으로 목을 매 있었다는 것.

신고를 받은 경찰과 119 구급대원이 도착했을 때에는 이미 사망한 상태. 현재 시신은 병원에 안치되어 있고, 부검은 유족이 도착하는 대로 실시할 예정이라고 했다.

"유서가 있었다고 하던데요?"

안 형사가 물었다.

"책상 위에 편지 봉투가 하나 있더라고요. 그 안에 들어 있었어요."

담당 경찰이 유서를 보여 주며 말했다. 컴퓨터로 작성해 출력한 글.

> 내 죄는 내가 다 지고 가겠습니다. 미안합니다.

그게 다였다. 너무도 간단한 유서. '죄'라면 바로 5억 원 뇌물 수수 사건? 그럼 심 의원이 정말 뇌물을 받았다는 것인가? 아이들은 일단 시신이 안치되어 있는 병원과 그의 집에 가 보기로 했다.

심 의원의 집에 간 별이와 태양이. 태양이는 도우미 아주머니의 이야기를 들어 보기로 하고, 별이는 심 의원의 방을 살펴보기로 했다.

태양이가 도우미 아주머니에게 사건에 대해 물으니, 경찰서에서 들은 것과 똑같은 대답을 했다. 태양이는 다른 질문을 했다.

"최근에 이상한 점은 없으셨어요? 평소랑 다르시다거나 하는."

"당연히 다르셨지. 어제도 낮에 피곤하다고 들어오시더니 밤늦게까지 못 주무시는 것 같았어. 11시쯤 부엌 쪽에서 인기척이 나더라고. 평소에도 잠이 안 올 때마다 포도주 한 잔씩 하시거든. 가만! 그러고 보니 이상하네. 포도주 잔이 어디 있지?"

"포도주 잔이라니오?"

태양이가 다시 물었다.

"보통 잔에 따라서 방에서 드시거든. 그런데 아까 보니까 방에 빈 잔이 없었던 것 같네."

태양이와 도우미 아주머니는 곧바로 심 의원의 방으로 갔다. 그런데 아주머니 말대로 방에는 포도주 잔이 없었다.

"혹시 부엌에 갖다 놓으신 게 아닐까요?"

"아니, 부엌에도 없는데. 그럼 포도주를 드신 게 아니었나?"

자살하는 사람들 중에는 술이나 약 기운을 빌리는 경우가 종종 있다. 심 의원도 평소 포도주를 즐겨 마셨다고 하니, 그랬을 수도 있다. 그리고 만약 그가 어젯밤에 포도주를 마셨다면, 그건 부검을 해 보면 금방 알 수 있을 것이다.

그사이 별이는 심 의원의 방을 샅샅이 살피기 시작했다. 널찍한 방에 큰 침대와 책상, 책꽂이가 있고 한쪽에는 별도의 화장실이 있었다. 그리고 바로 그 앞에 심 의원이 벗어 놓은 것으로 보이는 옷이 사건 당시의 모습 그대로 놓여 있었다.

화장실 문을 열어 보니, 샤워 커튼이 설치된 봉 가운데에 주황색 목욕 수건이 단단히 매어져 있었다. 심 의원의 몸무게 때문에 조금 늘어난 상태. 별이는 매듭을 풀지 않은 상태로 수건을 잘라 내 조심스레 증거물 봉지에 넣었다. 그사이 태양이는 화장실 바닥에 떨어져 있는 머리카락을 찾아 따로따로 채취했다.

그런데 별이는 뭔가 좀 이상하다는 생각이 들었다. 죽으려고 유서까지 쓴 사람이 옷을 벗고 샤워를 하려 했단 말인가? 그리고 명색이 국회의원이라는 사람이 왜 속옷만 입고 자살을 했을까? 사람들에 의해 발견될 것이 분명한데 말이다.

화장실을 둘러본 별이는 유서가 발견됐다는 책상 위를 살펴보았다.

컴퓨터로 쓴 유서라고 하니, 혹시 이 컴퓨터로 작성된 게 아닐까? 컴퓨터는 꺼진 상태. 일단 컴퓨터의 스위치, 자판과 마우스, 프린터 등에 남겨진 지문을 채취하기 시작했다. 그런데 이상하다. 어느 곳에도 남은 지문이 없다. 마치 누군가 깨끗하게 지운 것처럼.

컴퓨터를 켜서 유서 파일을 찾아보니, 있다. 제목도 '유서'. 최종 저장 시간은 오늘 새벽 2시 45분. 그렇다면 심 의원은 오늘 새벽에 이 컴퓨터로 유서를 쓰고 프린터로 출력한 다음에 자살했다는 말인데. 혹시 도우미 아주머니가 청소하다 지문을 지운 건 아닐까 싶어 물어보았으나, 어제 낮에 청소한 이후로 손을 대지 않았다는 것.

문서의 최종 저장 시간이 오늘 새벽이라면 아주머니가 청소한 후에 심 의원이 컴퓨터를 썼다는 건데, 그럼 그의 지문이 남아 있어야 한다. 그런데 없다. 죽으려는 사람이 지문까지 지울 이유는 없지 않을까? 그렇다면 혹시 누군가 다른 사람이? 정말 이상한 점이 한두 가지가 아니다.

그래서 태양이와 별이는 누군가 침입한 흔적이 있는지 찾아보았지만 별다른 흔적이 없었다. 아이들은 경찰서로 돌아가 화장실에서 가져온 목욕 수건과 머리카락에 대한 감식을 의뢰했다.

용의자를 찾아라!

한편, 병원으로 간 철민이와 수리는 먼저 의사를 만났다.

"병원에 실려 왔을 때에는 이미 호흡과 맥박이 멈춘 상태였어. 목에 끈 자국이 있는 것으로 봐서 목을 매 죽은 것으로 추정되지만, 아직 유족이 도착하지 않은 상태라 부검을 못하고 있지."

심 의원의 사망 소식을 듣자마자 미국에 있는 심 의원의 자녀들이 바로 귀국 길에 올랐지만 빨라야 오늘 밤이나 되어야 도착한다고 한다. 그러니 그때 가서 유족들의 허락을 받아야만 부검을 할 수 있다. 그럼 우선 심 의원이 관련됐다는 뇌물 수수 사건부터 알아봐야겠다.

일단 조사 내용을 보니, 신흥 리조트 기업 (주)노라라가 리조트를 세우기 위해 땅을 구입, 개발하려는 과정에서 주민들의 반대에 부딪쳤다. 그러자 심 의원이 그걸 무마하고 리조트를 건설할 수 있게 해 주겠다는 명목으로 5억 원을 받았고, 시 의원들을 매수했다고 한다. 그런데 이를 시청 담당 공무원이 알고 고발하면서 사건이 알려지게 된 것이다.

검찰 쪽에서는 이미 심 의원, (주)노라라, 시 의원들 사이에 돈이 오간 단서를 확보하고 심 의원을 검찰에 출두시키려 했는데, 바로 오늘 새벽에 이런 일이 벌어진 것이다. 본격적인 수사를 시작하기도 전에 예상치 못한 일이 벌어졌으니 검찰 쪽도 꽤 당황하는 눈치다.

철민이와 수리는 일단 (주)노라라의 최양구 사장부터 만나기로 했다. 그는 현재 뇌물을 준 혐의를 받은 상황. 심 의원의 조사가 끝나면 그도 곧 검찰의 소환을 받을 것이라는 관측이 나오고 있었다.

최양구 사장. 술집과 게임방 등을 조직적으로 운영하던 사람이다.

그러다가 최근에 자본을 정리해 리조트 회사를 차렸다고 한다.

　업계에서는 리조트 사업 경험이 없는데도 이렇게 큰일을 벌인 것은 뒤를 봐주는 사람이 있기 때문이라는 소문이 자자했다. 그리고 그 실체가 심 의원이라는 얘기가 심심치 않게 나돌았다는 것.

　결국 최근 불거진 뇌물 사건으로 최양구 역시 위기에 몰린 상황이니, 어쩌면 이번 심 의원 자살 사건의 배후에 그가 있지 않을까 하는 생각이 들었다. 그러나 최양구는 시작부터 딱 잡아뗐다.

　"허 참, 어떻게 이런 일이. 괜히 있지도 않은 일 가지고 여기저기서 수군대니 견딜 수 없었던 거지. 나도 딱 죽고 싶은 심정이었다니까."

　수리가 다시 물었다.

　"그럼 이번 뇌물 사건이 사실이 아니라는 말씀이세요?"

　"당연하지. 난 심 의원을 만난 적도 없어. 만나지도 않았는데 어떻게 돈을 줬겠어. 그것도 5억 원이라니, 말도 안 되는 얘기지. 어떻게 그런 어처구니없는 누명을 씌우는지."

　최양구는 그동안의 검찰 조사에서도 무조건 모르쇠로 일관해 왔다. 그런데 이제

누명이야!

상황은 그에게 유리해졌다. 피의자가 죽은 경우 '공소권 없음'으로 사건 자체가 끝나기 때문이다.

하지만 최양구는 충분히 의심할 만하다. 지금은 합법적인 회사를 차려 완전히 손을 씻었다고 하지만, 아직까지 조직폭력배 쪽에는 상당히 영향력 있는 인물이라고 한다.

혹시 심 의원이 검찰에 출두해 자백이라도 한다면 뇌물을 준 혐의로 잡혀 들어갈 처지니, 어쩌면 심 의원의 자살로 사건을 끝내고 싶지 않았을까? 물론 최양구가 직접 나서지는 않았을 것이다. 그렇다면 일단 사건 현장에서 나온 증거물에서 단서를 찾아야 한다.

그사이 태양이와 별이는 심 의원의 비리를 고발했다는 대망시 시청 환경과장 강자연을 만나러 갔다. 강자연은 상당히 당황한 모습이었다.

"노라라가 리조트를 짓겠다고 한 땅에는 자연이 잘 보존되어 각종 천연기념물이 사는 산이 있어. 그런데 거기에 리조트를 짓겠다니, 말도 안 되는 소리지."

처음에는 주민들도 돈 벌 생각에 좋아했단다. 그러나 리조트를 지으면 일시적으로는 지역 경제에 큰 도움이 되겠지만, 산이 훼손되어 결국엔 우리 삶의 터전도 오염돼 없어질 것이다. 그래서 지금은 강자연의 설득에 주민들도 많이 넘어온 상태.

"그러다 보니, 개발하자는 의견과 반대하는 의견이 시청 내에서도 분분했어. 그래도 시 의원들이 반대 의견에 동참해 줘서 큰 힘이 됐지."

그런데 갑자기 몇몇 시 의원들이 입장을 바꾸었다고 한다. 그 이유를 알아봤더니, 미래당에서 막강한 권력을 행사하는 심 의원이 시 의원들을 회유했다는 것. 그래서 사표 쓸 생각으로 터뜨린 것인데.

"확실한 증거가 있나요? 심 의원이 시 의원들을 회유했다는."

별이가 물었다.

"물론이지. 심 의원의 비서관이라는 사람이 여기에 몇 번씩 내려와서 시 의원들을 만나는 걸 내 눈으로 직접 봤어."

"그럼 돈이 오가는 것도 봤나요?"

이번엔 태양이가 물었다.

"직접 보진 못했어. 하지만 검찰 쪽에서 어느 정도 단서를 찾아낸 것

으로 알고 있어. 그런데 말이야, 조금 전에 이상한 소리를 들었어."
"이상한 소리요?"
"응. 시 의원들이 심 의원으로부터 리조트 건설 허가를 받을 수 있도록 힘써 달라는 부탁을 받긴 했지만, 심 의원을 직접 만난 적은 한 번도 없다는 거야."
"그럼 누구한테 부탁을 받았다는 거예요?"
"정의남 비서관. 정 비서관을 통해 심 의원이 돈을 전해 달라고 했다는 말만 들었대. 실제로 심 의원은 단 한 번도 이곳에 내려온 적이 없다는 거야."

그야 겉으로 드러나면 일이 커질까 봐, 또 혹시 지금처럼 사건이 터지면 발뺌하기 위해서가 아니었을까? 게다가 5억 원이라는 큰돈이 오가는 일인데, 어찌 심 의원 모르게 비서관 혼자 처리할 수 있었겠는가.

막 그런 생각을 하고 있는데, 안 형사로부터 전화가 왔다. 빨리 학교로 모이라는 것. 아이들은 곧장 학교로 갔다.

누가 한 일일까?

아이들이 각자 조사한 내용을 보고하고 나니, 안 형사가 말했다.
"검찰에 협조 요청을 해서 그동안 조사한 내용을 알아봤더니 좀 이상한 게 있더군."

아이들의 눈이 안 형사에게로 쏠렸다.

"최 사장의 계좌를 추적한 결과, 최근 모두 다섯 차례에 걸쳐 1억 원씩 이체되었는데, 그게 심 의원의 계좌가 아니라는 거야."

"그럼요?"

철민이가 물었다.

"그 계좌의 예금주는 정복희."

"정복희가 누군데요?"

"정 비서관의 누이."

정 비서관의 누이? 왜 그녀에게로 돈이 들어갔을까?

"정복희의 계좌로 들어간 돈 5억 원은 들어오자마자 다시 1000만 원, 2000만 원씩 여러 차례에 걸쳐 여러 지점에서 인출됐더라고. 그리고 아쉽게도 아직까지 그 돈이 어디로 흘러 들어갔는지는 검찰도 파악하지 못했다는 거야."

안 형사가 말을 마치자 태양이가 자신의 의견을 말했다.

"깨끗하지 못한 돈이라 다른 사람의 계좌를 이용해 돈세탁을 하려고 한 게 아닐까요?"

그러자 별이가 반대 의견을 내놓았다.

"그게 아니라 혹시 정 비서관이 이 일을 주도한 게 아닐까요? 그저 심부름을 한 게 아니라 직접 꾸민 일이라는 거죠. 그래서 돈도 자기 누이의 통장으로 넣게 한 거고요."

아직까지는 심 의원이 한 일로 알려져 있지만, 혹시 그게 아니라면 심 의원이 자살할 이유가 없다. 게다가 그의 방에서 발견된 석연치 않은 점들로 봤을 때 타살 가능성도 배제할 수 없다. 그러니 모든 가능성을 열어 두고 수사해야 한다. 안 형사가 명령했다.

"좋아. 그럼 태양이랑 별이는 정 비서관에 대해서 더 알아보고, 철민이랑 수리는 병원에서 대기하다가 부검 결정 나면 바로 알려."

태양이와 별이는 다시 심 의원의 집으로 가서 도우미 아주머니에게 정 비서관에 대해 물었다.

"정의남 비서관? 그 사람이야 의원님을 아주 극진히 모셨지. 아마 친아들이라도 그렇게 못할걸."

워낙 오랫동안 심 의원을 모시던 사람이라 심 의원의 의정 활동뿐 아니라 집안일까지 모두 관리, 감독했단다. 그런데 바로 그때였다.

"그러고 보니, 좀 이상한 점이 있어. 내가 이 집에 들어온 지 3년이 넘었거든. 그런데 그동안 의원님이 화내시는 걸 한 번도 본 적이 없어."

도우미 아주머니는 잠시 뜸을 들이다가 말을 이었다.

"특히 정 비서관에게는 그저 잘했다 잘했다 하셨지. 그런데 이번 뇌물 사건이 터지고 나서 정 비서관한테 엄청 화를 내시더라고."

"뭐라고 화를 내시던가요?"

별이가 솔깃해 물었다.

"네가 그것밖에 안 되는지 몰랐다, 정말 실망이다, 그러시는 것 같았는데 정확하게는 모르겠어. 여하튼 정 비서관이 뭔가 크게 잘못한 것 같더라고."

정 비서관이 큰 잘못을 했다? 그럼 별이의 추리대로 그가 실제 범인?

"그리고 아까는 경황이 없어서 몰랐는데, 포도주 한 병이랑 잔 하나가 없어졌더라."

그럼 누가 가져간 건가? 순간, 태양이는 번쩍 떠오르는 게 있었다.

"혹시 누군가 포도주에 약을 타서 심 의원에게 먹인 후 자살로 위장한 건 아닐까? 범인은 심 의원이 밤에 잠이 안 올 때 포도주를 마신다는 것을 알고, 심 의원이 몸을 스스로 움직일 수 없게 만들기 위해 포도주를 이용한 거지. 그래야 자살로 위장하기 쉬우니까."

그러자 별이가 퉁명스럽게 대답했다.

"그건 나도 알아."

태양이는 머쓱해졌다. 물론 알고 있었겠지. 그래도 좀 부드럽게 얘기해 주면 안 되나? 그러나 그런 태양이의 기분은 아랑곳하지 않고 포도주 냉장고에 묻은 지문을 채취하는 별이. 처음부터 태양이랑 같이 나온 게 맘에 안 드는 표정이더니, 역시 그런가 보다.

"어, 있다!"

별이가 저도 모르게 소리쳤다. 지문을 찾아낸 것이다. 이것이 정의남의 지문이라면? 아이들은 다시 경찰서로 가서 지문 감식을 의뢰했다.

한편, 철민이와 수리가 병원으로 다시 가 보니 벌써 장 식장이 차려져 있고, 문상 온 사람들로 북새통을 이루고 있었다. 워낙 거물급 정치인인 데다가 갑작스런 비보에 모두 놀란 표정이었다.

빈소에는 문상객들을 맞고 있는 사람이 있었다. 친척인 줄 알았는데 알고 보니 강자연이 말한 심 의원의 비서관, 정의남.

3선 의원인 심 의원이 처음 국회 의원이 됐을 때부터 그를 도왔다니, 가족과도 같은 사람이라 했다. 그 역시 심 의원의 죽음에 많이 놀라고 슬픈 표정. 문상 온 사람들을 맞이하며 연신 눈물을 훔치고 있었다.

　　그런데 바로 그때였다. 아이들 옆에 있던, 국회 의원들을 모시고 온 비서관인 듯한 세 사람이 수군거리는 소리가 들렸다.

"자기가 국회 의원인양 설치고 다니더니, 이제 날개 떨어져 어떡해?"

혹시 정의남 얘기? 아이들은 슬그머니 벽 뒤에 숨어 귀를 기울였다.

"사건 터졌을 때, 난 내 귀를 의심했다니까. 솔직히 심 의원님이 어디 그런 일 저지르실 분이야?"

"나도. 그런데 오늘 아침 자살하셨다는 소식 듣고는 아닌가 싶더라니까. 그래도 뭔가 찔리는 것이 있으니까 이렇게 극단적인 방법을 선택하신 게 아니겠어?"

그러자 처음 말을 꺼낸 사람이 목소리를 한껏 낮춰 속삭이듯 말했다.

"아니야. 이번 일, 심 의원이 아니라 정 비서관이 했다고 하던데."

"정말? 누가 그래?"

"심 의원님의 비서, 나현미 씨. 사건 터지고 의원님이 정 비서관을 나무라는 걸 들었대."

"그런데 왜 심 의원님이 자살하셨을까?"

"그러니까 말이야."

　　세 사람의 말이 사실인지 확인하려면 그 비서를 만나 봐야 한다. 아이들이 둘러보니, 아까부터 정 비서관 옆에서 심부름하는 여자가 보였다. 살짝 가서 물으니, 맞다. 나현미. 아이들은 나현미를 병원 안 다른 건물로 데려갔다. 그리고 아까 들은 이야기에 대해 묻자 상당히 당황하는 나현미. 한참을 망설이더니 결심한 듯 말했다.

"그래. 의원님이 이렇게 되신 마당에 뭘 망설이겠어. 맞아, 그 일 터지자마자 의원님이 정 비서관님을 급히 찾으셨어. 그리고 비서관님이 오자마자 나에게 은행 심부름을 시키시더라고. 그래서 갔다 왔는데, 아직 말씀 중인 거야. 다시 나갔다 오려고 막 돌아서는데 갑자기 의원님이 소리를 지르셨어."

"뭐라고 하시던가요?"

철민이가 물었다.

"네가 어떻게 나한테 이럴 수 있냐. 아들처럼 생각했는데. 그러니까 비서관님이 잘못했다며 다신 안 그러겠다고 싹싹 빌더라고. 그러고는 심 의원님이 돈은 어디 있냐고 하시니까 경마 때문에 빚을 많이 져서 그거 갚았다는 거야. 그러니까 의원님이 버럭 화를 내시더라고. 그거 하지 말라고 했는데 또 했냐고. 그러고는 잠시 말씀이 없으시더니, 시간을 줄 테니 자수하라고 하셨어."

"그게 언제쯤이죠?"

"사건 터진 날이었으니까 일주일쯤 됐지."

그렇다면 뇌물 수수 사건의 범인은 정의남이 확실하다. 그리고 어쩌면 심 의원의 죽음도 자살이 아니라 타살일 가능성이 높다.

가장 유력한 용의자는 바로 비서관, 정의남. 정의남이 곧바로 경찰서로 잡혀 왔다.

확실한 알리바이

정의남에 대한 심문은 안 형사와 태양이, 별이가 맡았다. 먼저 안 형사가 물었다.

"이번 뇌물 수수 사건, 정의남 씨가 한 거 맞죠?"

그리고 안 형사가 그동안 아이들이 알아낸 증거들을 제시했지만, 정의남은 끝까지 부인했다.

"지금 그런 황당한 소리를 믿고 이러는 거예요? 나는 의원님 심부름한 죄밖에 없어요. 그 차명 계좌도 의원님 지시로 그렇게 한 거예요."

"그럼 현금으로 찾아간 5억 원은 어디 있어요?"

별이가 물었다.

"그걸 내가 어떻게 알겠어. 의원님이 찾아다 달라고 해서 그대로 다 갖다 드렸는데."

"그럼 나현미 씨가 거짓말을 했다는 거예요?"

이번엔 태양이가 물었다.

"의원님이 일을 제대로 처리하지 못했다고 혼내긴 하셨지. 그런데 그걸 어떻게 내가 했다고 들었는지, 정말 기가 막히네. 나한테 죄가 있다면 10년 넘도록 의원님이 시키시는 대로 한 것밖에 없어."

"좋아요. 그럼 어제 퇴근한 후에는 뭐 하셨죠?"

안 형사가 묻자 정의남은 잠시 머뭇거리더니 대답했다.

"정동진에 갔었어요."

정동진이라니, 그곳엔 왜? 정의남은 괴로운 표정으로 말했다.

"솔직히 이런 말까지는 안 하려고 했는데. 며칠 전에 의원님이 집으로 오라고 하셔서 갔더니, 이번 일을 나더러 뒤집어쓰라는 거예요. 의원님은 전혀 모르는 일이고 나 혼자 꾸민 일처럼 하라고."

이건 또 무슨 말인가!

그렇다면 정의남 혼자 한 일이라는 소문까지 심 의원이 꾸민 일이란 말인가?

"그래서 10년 넘게 의원님을 모시며 온갖 궂은일은 다 했지만, 그것만은 못하겠다고 했죠. 그랬더니 화를 내시더라고요."

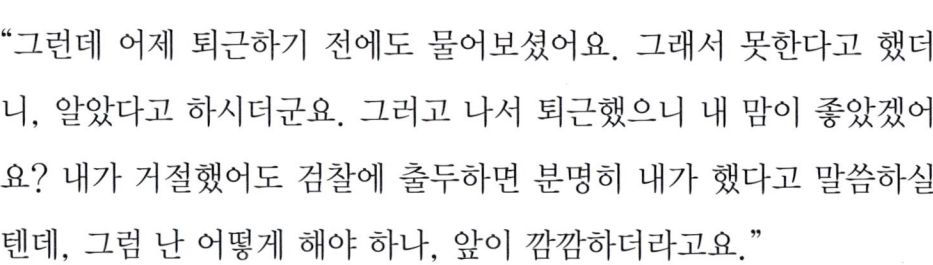

집에서 화를 냈다? 그럼 도우미 아주머니가 들었다는 것이 바로 이 상황?

"그런데 어제 퇴근하기 전에도 물어보셨어요. 그래서 못한다고 했더니, 알았다고 하시더군요. 그리고 나서 퇴근했으니 내 맘이 좋았겠어요? 내가 거절했어도 검찰에 출두하면 분명히 내가 했다고 말씀하실 텐데, 그럼 난 어떻게 해야 하나, 앞이 깜깜하더라고요."

그러더니 눈물을 뚝뚝 흘리는 정의남.

"그래서 정동진에 간 거예요. 내가 사진 찍는 걸 좋아해서 가끔 가는 곳이거든요. 가서 바다도 보고, 사진도 찍다 보면 한결 마음이 편해져서. 그래서 거기서 하룻밤 자고 오늘 올라왔어요. 그런데 그사이 이렇게 극단적인 선택을 하시리라고는 생각도 못했죠. 알았으면 그냥 내가 덮어쓴다고 그럴걸. 흑흑흑."

안 형사가 어두운 표정으로 물었다.

"알리바이를 증명해 줄 사람이 있습니까?"

"그럼요. 내가 갈 때마다 묵는 민박집이 있어요. 전화번호가……."

정의남은 휴대 전화에 입력된 전화번호를 찾아 보여 주었다.

"그 아주머니한테 물어보세요. 제가 어제 갔는지 안 갔는지."

"그럼 심 의원님 소식은 언제, 어떻게 들었죠?"

"일출 보고 서울로 올라오다가 라디오에서 들었어요. 그래서 곧바로 병원으로 갔죠."

그러더니 생각난 듯 디지털카메라를 꺼내 보이며 말했다.

"아, 여기 어제 찍은 사진들이 있으니까 보세요."

살펴보니, 어제와 오늘 새벽 일출 때 찍은 여러 장의 사진들이 들어 있었다. 아이들이 곧바로 민박집에 전화를 걸어 어제 정의남이 거기 갔었는지를 확인했더니 맞다고 했다.

그럼 정의남의 말이 사실이란 말인가? 하기야 정동진과 서울은 가까운 거리가 아니다. 그런데 거기서 일출까지 보고 올라왔다면 심 의원이 사망했을 시간에는 서울에 없었던 것이 분명하니, 알리바이가 확실하다.

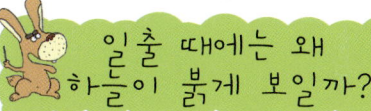

일출 때에는 왜 하늘이 붉게 보일까?

해가 뜰 때나 질 때에는 머리 위에 있을 때보다 햇빛이 훨씬 두껍고 긴 공기층을 뚫고 와야 해. 이때 빛이 공기 분자들과 부딪치면서 흩어지게 되는데, 이를 '산란'이라고 해. 그런데 공기 분자들은 붉은색 계통의 빛보다는 푸른색 계통의 빛을 잘 산란시켜. 그래서 공기층을 길게 통과한 빛은 푸른색 계열의 빛보다 붉은색 계열을 많이 포함하기 때문에 하늘이 붉게 보이는 거야.

그러니 더 이상 어떻게 할 도리가 없다. 설령 뇌물 수수 사건의 진범이 정의남이라 하더라도 그가 심 의원을 죽이지 않은 것은 확실한 사실이니까. 그렇다면 진짜 자살이라는 말인가?

하지만 아무래도 타살 의혹을 지울 수가 없다. 아이들은 일단 부검 결과를 기다려 보기로 했다. 그사이 포도주 냉장고에서 채취한 지문의 감식 결과가 나왔는데, 지문의 주인은 바로 심 의원.

심 의원의 지문만 나온 것이 실망스럽긴 했지만, 그래도 어젯밤에 심 의원이 포도주를 마셨을 확률이 높아졌다. 그렇다면 포도주 병과 잔이 어디로 사라졌는지가 의심스럽다.

밤 9시가 넘어 유족이 도착하고, 10시쯤 부검이 시작되었다. 그 결과, 혈중 알코올 농도는 높지 않게 나왔는데, 다량의 수면제 성분이 검출되었다. 그리고 사망 추정 시간은 새벽 1시에서 4시 사이.

아주머니 말로는 11시쯤 심 의원의 인기척을 들었다고 했으니, 새벽 1시라면 이미 가져간 포도주를 다 마셨을 시간이다. 그리고 만약 그 포도주 안에 수면제가 들어 있었다면, 심 의원은 이미 깊은 잠에 빠졌을 것이다. 그 상태로 자살할 수는 없었을 테니, 그렇다면 타살이 분명하다. 물론 증거를 없애기 위해 포도주 병과 잔을 가져갔을 것이다.

그러니 범인은 심 의원이 밤에 포도주를 즐겨 마신다는 것을 아는 사람일 가능성이 높다. 범인은 포도주에 수면제를 타 놓고 자신의 지문을 지웠을 것이다. 컴퓨터와 프린터의 지문을 깨끗이 지운 것처럼. 그래서 포도주 냉장고에는 심 의원의 지문만 남게 되었을 것이다.

그렇다면 과연 그는 누굴까? 정의남이 아니라면 최양구 쪽 사람? 하지만 밖에서 침입한 흔적이 전혀 없었다. 자살이 아니라 타살일 가능성이 훨씬 커졌는데, 범인은 여전히 오리무중이다.

 ## 알리바이를 뒤집다

다음 날 새벽 5시가 넘은 시간. 하지만 별이는 밤새 잠을 이룰 수가 없었다. 타살일 확률이 훨씬 높고, 정의남이 범인인 것 같은데, 확실한 단서가 없어 너무나 답답했다. 그때, 갑자기 궁금증이 났다.

'서울에서 정동진까지 얼마나 걸리지?'

벌떡 일어나 컴퓨터로 검색하니, 세 시간 정도. 한밤중이나 새벽에는 막히지 않을 테니, 여섯 시간이면 충분히 왔다 갔다 할 수 있다.

그럼 혹시 낮에 내려갔다가 밤에 몰래 올라와 일을 벌이고 다시 내려간 것은 아닐까? 그럴 수 있을까? 별이는 아까 컴퓨터에 저장해 둔, 정의남이 찍었다는 사진을 다시 한 장씩 살펴보기 시작했다. 낮에 바닷가에서 찍은 사진이 20여 장 있고, 일출 때 찍은 사진이 5장 있었다. 그중 3장은 풍경만 찍은 것이고, 2장은 정의남이 직접 자신을 찍은 사진. 사진 찍는 걸 좋아한다더니, 꽤 수준급의 솜씨다. 그런데 바로 그 순간, 별이의 눈에 번쩍 띄는 것이 있었다.

사진에 찍힌 정의남의 머리카락. 바람이 많이 불었는지 머리카락이 심하게 날리고 있었다.

'그래, 바로 이거야!'

별이는 벌떡 일어나 다른 아이들을 깨웠다. 아이들이 모두 모이자 별이는 출력한 사진을 내밀며 말했다.

"이 사진들 좀 봐. 머리카락이 이상해."

사진을 보는 아이들. 철민이가 별것 아니라는 듯 대답했다.

"머리카락? 그냥 바람에 날린 거잖아."

"잘 봐. 머리카락이 날리는 방향을 보면 바람의 방향을 알 수 있는데, 그게 이상하다는 거야. 사진 속의 장소는 바닷가야. 시간은 막 해가 뜨기 시작할 때. 그런데 바닷가에서 부는 바람은 시간에 따라 그 방향이 달라지거든."

"맞다. 새벽에는 육지에서 바다로 바람이 부는데."

역시 바닷가가 고향인 수리는 뭔가 눈치 챈 모양이다.

"맞아. 흙은 물보다 빨리 데워지고 빨리 식는 성질이 있거든. 그래서 하루 동안 일어나는 지면과 수면의 온도 변화를 보면, 해가 떠 있는 낮 동안은 지면의 온도가 수면의 온도보다 훨씬 높아. 낮에는 지면이 빨리 데워져서 온도가 빨리 올라가는 반면, 수면은 천천히 데워져 온도 변화가 크지 않기 때문이지."

"그럼 밤에는?"

철민이가 물었다.

"해가 진 다음에는 지면의 온도가 빨리 내려가고 수면의 온도는 천천히 내려가기 때문에 밤 동안은 수면의 온도가 더 높아."

"그런데 그게 바람하고 무슨 상관이 있어?"

수리의 물음에 별이가 다시 대답했다.

"지면과 수면의 온도 변화는 지면과 수면 위 공기의 온도에도 영향을 미쳐. 낮에 지면이 뜨겁게 데워지면 그 위 공기의 온도도 높아져서 공기가 가벼워지지. 그러면 공기가 위로 올라가는데, 이때 밑의 빈자리는 차가운 수면 위의 공기가 불어와 채워 주지. 그래서 낮에는 바다에서 육지로 '해풍'이 부는 거야."

"아, 그래서 한여름 낮에 모래사장에 앉아 있으면 시원한 바닷바람이 부는구나!"

철민이가 이제야 알았다는 듯 말하자 별이가 설명을 계속했다.

"그렇지. 그런데 밤에는 반대야. 밤에는 지면이 빨리 식어 차가워지는 반면, 수면은 천천히 식어 지면보다 온도가 높지. 그래서 수면 위의 공기가 따뜻해져 위로 올라가고, 그 빈자리를 지면 위의 차가운 공기가 채우면서 육지에서 바다로 '육풍'이 불어. 이렇게 해풍과 육풍을 합쳐서 '해륙풍'이라고 하지. 그런데 사진을 봐. 사진 속의 시간은 막 해가 떠오를 때, 즉 아직 육풍이 불 땐데 머리카락과 옷이 바다에서 육지 쪽으로 날리고 있으니 이상하다는 거지."

"그럼 낮에 찍은 사진이랑 합성했다는 거야?"

이제껏 가만히 듣고 있던 태양이가 말했다. 별이가 간단히 대답했다.

"응."

"그럼 내가 한번 확인해 볼게."

태양이는 곧바로 컴퓨터를 이용해 사진을 확대하기 시작했다. 그런데 정말 배경과 사람이 만나는 자리가 교묘하게 깨지는 것이 아닌가!

"합성한 거 맞아. 예전에 찍어 둔 일출 사진에 어제 낮에 찍은 자신의 사진을 합성한 다음, 그걸 다시 카메라에 저장한 게 분명해."

능숙하게 컴퓨터를 다루며 합성 사진까지 알아내는 태양이, 알고 보니 컴퓨터 박사다. 곧바로 안 형사를 깨워 발견한 내용을 말하자, 안 형사가 명령했다.

"정의남의 알리바이 다시 확인해 봐. 그리고 서울 요금소에 사진 찍힌 거 있나 알아보고."

별이는 곧바로 민박집 아주머니에게 전화를 걸어 자세히 물었다. 그랬더니 전날 오후 4시쯤 도착한 정의남은 곧바로 바닷가로 나갔다가 저녁때쯤 들어와 저녁을 먹고 쉬더니, 10시 반쯤 방의 불이 꺼졌다고 한다.

합성 사진을 찾아내는 방법

합성한 사진을 찾아내는 방법은 여러 가지가 있어. 가장 간단한 방법은 사진을 크게 확대해 보는 거야. 디지털 사진은 '화소'라는 점 하나하나가 모여서 색과 모양을 만들거든. 그래서 합성한 사진을 확대해 보면 합성한 부분의 경계면에서 화소가 깨지거나 해상도(선명도)가 달라지지. 또 빛을 받은 방향과 그림자의 모양을 살펴보는 방법도 있어. 한 사람은 머리 위에서 빛을 받았는데, 다른 한 사람은 옆쪽에서 빛을 받아 그림자가 생겼다면 이는 분명히 합성한 사진이라 할 수 있지.

그리고 다음 날 새벽에 일어나 보니 방에 없어서 일출을 보러 갔나 보다 생각했는데, 때마침 정의남이 들어와 일출을 보고 왔다고 말했다는 것이다. 그때 시간이 6시 40분쯤. 그러고는 빨리 올라가 봐야 한다면서 아침밥도 안 먹고 출발했단다.

기상청에 알아보니, 어제 아침 정동진 일출 시간은 6시 18분. 정의남이 잠들었다는 10시 반부터 6시 40분까지 8시간 정도 시간이 있다.

"그럼 가능하지 않을까? 서울서 정동진까지는 3시간 정도 걸린대. 밤이니까 고속 도로로 왔다 갔다 했다면 왕복 6시간 정도면 충분했을 거야. 하지만 일출 시간에 맞춰 도착하지 못할 것을 대비해 미리 사진을 합성해 넣어 둔 거지. 알리바이를 위해서."

별이의 말에 모두들 고개를 끄덕였다. 그때 태양이가 서울 요금소에서 보내온 자료를 가지고 들어왔다.

서울 요금소를 통과한 정의남의 차를 찾아본 결과, 어제 오후 12시 25분, 그리고 새벽 1시 10분, 그리고 다시 새벽 3시 35분과 아침 10시 8분. 모두 네 장.

결국 서울과 정동진을 왔다 갔다 했다는 확실한 증거가 된 셈이다.

다시 정의남이 체포되었다. 그리고 마침 사건 현장에서 수거한 목욕 수건과 머리카락에 대한 DNA 검사 결과가 나왔다. 안 형사가 말했다.

"화장실 바닥에 떨어진 머리카락에서는 심 의원의 DNA만 나왔는데, 목욕 수건의 매듭 사이에서 발견된 머리카락의 DNA 감식 결과, 심 의원의 것과는 다르다는 판정이 나왔어."

곧바로 정의남의 머리카락이 채취되고, DNA 검사가 실시되었다. 그리고 예상대로 목욕 수건의 매듭에서 나온 것과 일치한다는 결과가 나왔다. 정의남이 범인이라는 완벽한 증거다.

"계좌를 추적해 보니까 5억 원 중 4억 5000만 원은 빚 갚는데 썼던데, 나머지 5000만 원은 어디 있죠?"

안 형사가 묻자, 더 이상 빼도 박도 못할 상황에 처한 정의남은 결국 자백했다.

"집에요. 흑흑흑. 내, 내가 미쳤나 봐요. 경마에 빠져서 의, 의원님까지, 흑흑흑."

경마 때문에 엄청난 빚을 지게 된 정의남. 빚 독촉에 시달리며 돈을 마련할 방도를 찾던 중, 뉴스를 통해 (주)노라라가 리조트 부지 선정 때문에 주민들과 대립하고 있다는 사실을 알게 되었다. 그래서 최양구에게 접근해서 리조트를 지을 수 있도록 힘써 주겠다는 명목으로 5억 원의 뇌물을 받았다.

그리고 심 의원의 명령인 것처럼 다음 선거 때 힘을 실어 주겠다며 시 의원들을 회유한 것.

예상대로 최양구와 시 의원들은 그 일이 진짜 심 의원이 시킨 일인 줄 알고 속아 일이 잘 마무리되는 것 같았는데, 예상치도 못한 상황이 벌어졌다. 시청 환경과장 강자연이 경찰에 고발해 버린 것.

결국 뇌물 수수 혐의를 받게 된 심 의원은 정의남이 한 일임을 알아내고 노발대발했다. 심 의원은 정의남이 자수하기를 계속 권했지만, 그는 그렇게 하지 않았다.

검찰 출두 날은 다가오고, 사건 전날 낮에 마지막으로 자수를 권하던 심 의원은 정의남이 거절하자, 다음 날 검찰에 출두해 사실을 밝히겠다고 했단다. 결국 위기에 처한 정의남은 사건의 범인으로 주목 받는 심 의원만 죽으면 공소권 무효로 사건이 완전 종결된다는 점을 악용해 심 의원을 죽일 결심을 하게 된 것이다.

정의남은 심 의원이 평소 밤에 잠이 안 올 때 포도주를 마시는 것을 알고 있었다. 그래서 정의남은 심 의원이 가끔 사용하던 수면제를 도우미 아주머니의 눈을 피해 열린 포도주 병에 넣어 놓고 나왔다. 물론 자신의 지문을 지우는 것도 잊지 않았다. 그리고 알리바이를 위해 정동진까지 갔다가 일찍 잠든 것으로 위장하고, 몰래 민박집에서 빠져나온 후 서울로 다시 올라온 것이다.

심 의원의 집에 몰래 들어온 정의남은 심 의원이 수면제를 먹고 깊은 잠에 빠진 것을 확인했다. 그리고 그의 컴퓨터를 이용해 간단하게 유서를 작성해서 출력한 후 지문을 지우고 자살로 위장한 것이다. 물론 포도주 병과 잔은 들고 나와 정동진으로 가는 도중에 자동차 창문 밖으로 던져 버렸다.

그렇게 세상을 떠들썩하게 했던 '국회 의원 자살 사건'은 아이들의 멋진 활약으로 타살임이 밝혀지며 마무리되었다. 이 모든 일이 정의남 비서관의 소행임이 알려지자 사람들은 경악을 금치 못했다.

"수고했다."

안 형사도 만족한 듯 처음으로 아이들에게 칭찬의 말을 했다. 경찰청장도 직접 와서 아이들의 수고를 칭찬해 주었다.

워낙 세간의 관심을 받는 사건이라 혹시 실수나 하지 않을까, 제대로 처리하지 못해 'CSI'의 이름에 먹칠을 할까 노심초사했는데, 정말 다행, 또 다행이다.

 ## 별이가 들려주는 사건 해결의 열쇠

자살인 줄 알았던 국회 의원 사망 사건. 하지만 곳곳에서 발견되는 타살의 흔적. 미궁에 빠진 사건을 해결할 수 있었던 것은 바로 바닷가에 부는 바람에 대해 잘 알았기 때문이야.

💡 흙과 물의 온도 변화

여름에 바닷가로 놀러 갔던 때를 떠올려 봐. 뜨거운 햇볕에 달아오른 모래는 뜨끈뜨끈해서 모래찜질하기에 좋지. 그러다 더우면 시원한 바닷물에 풍덩! 모래는 뜨거워도 바닷물은 시원하다 못해 춥기까지 한데, 왜 그럴까?

같은 시간 동안 햇볕을 받아도 모래는 바닷물보다 훨씬 빨리, 더 뜨겁게 데워져. 여기에는 몇 가지 이유가 있어.

같은 질량의 물과 흙이 있을 때, 물의 온도를 1℃ 올리는 데 필요한 열량이 흙의 온도를 1℃ 올리는 데 필요한 열량보다 더 커서, 같은 열을 받더라도 흙이 물보다 빨리 뜨거워져. 또, 물은 투명해서 햇볕이 깊이 투과되기 때문에 많은 부피의 물에 흡수되지만, 흙은 불투명하여 햇볕이 얕게 투과되기 때문에 상대적으로 적은 부피의 표면에만 흡수되어 더 빨리 데워지지. 그리고 물은 증발하면서 열

을 빼앗아 가니까 온도가 쉽게 올라가지 않아. 특히 바닷물은 조류와 파도에 의해서 아래의 차가운 물과 위의 따뜻한 물이 잘 섞이기 때문에 온도 변화가 크지 않지.

💡 지면과 수면의 하루 동안의 온도 변화

이러한 물과 흙의 성질 차이에 때문에 하루 동안의 지면과 수면의 온도 변화도 차이가 있지.

아래 그림과 같이 해가 떠 있는 낮에는 지면의 온도가 수면보다 훨씬 높아. 왜냐하면 지면은 쉽게 데워져서 온도가 빨리 올라가지만, 수면은 천천히 데워져서 온도 변화가 거의 나타나지 않기 때문이야.

반면에 해가 진 밤에는 수면의 온도가 더 높아. 지면은 수면보다 빨리 식으면서 온도가 뚝 떨어지지만, 수면의 온도는 천천히 내려가기 때문이지.

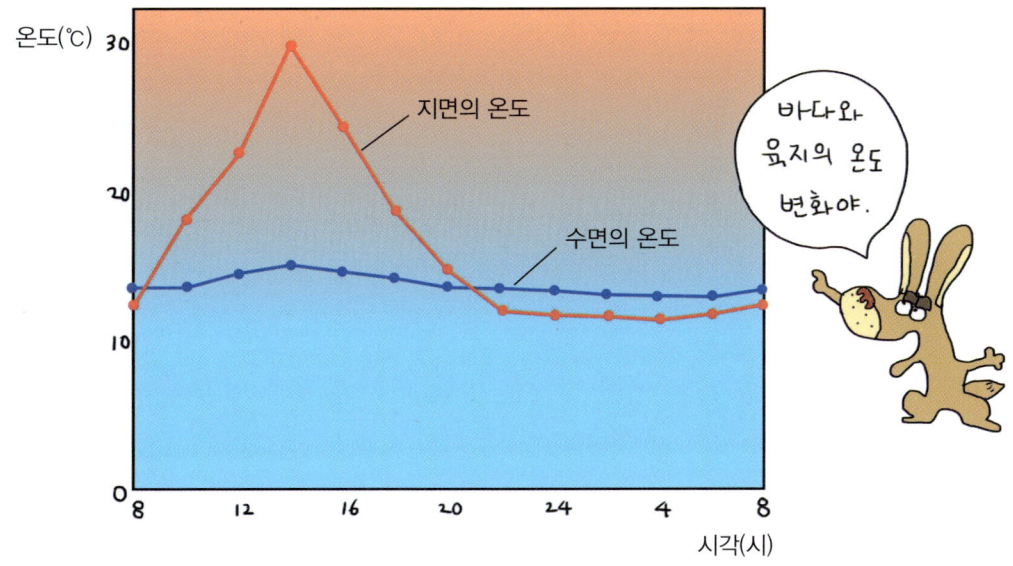

〈하루 동안 지면과 수면의 온도 변화 그래프〉

💡 기온의 변화와 바람

그럼 이렇게 지면과 수면의 온도가 달라질 때, 그 위에 있는 공기의 온도는 어떻게 될까?

지면과 수면의 온도 변화에 따라 그 위 공기의 온도도 변하게 돼. 뜨거워지면 같이 뜨거워지고, 차가워지면 같이 차가워지지.

그래서 지면이 뜨거워지면 그 위의 공기도 뜨거워지는데, 뜨거워진 공기는 부피가 커지면서 밀도가 작아지기 때문에 가벼워져서 위로 올라가. 반대로 지면이 차가워지면 그 위의 공기도 차가워지는데, 이때의 공기는 무겁기 때문에 아래로 가라앉지. 그건 수면에서도 마찬가지야.

따라서 뜨거워진 공기가 위로 올라가면서 밑의 빈자리를 메우기 위해 차가운 공기가 이동하는데, 이렇게 공기가 이동하는 것을 '바람'이라고 해.

그러니까 지면과 수면의 온도 변화는 지면과 수면 위 공기의 온도 변화를 일으키고, 그로 인해 바람이 생기는 거야.

💡 해륙풍

그럼 바닷가에서는 어떤 바람이 불까? 바닷가는 육지와 바다가 만나는 곳. 두 곳의 온도 변화에 따라 그 위의 공기 온도도 변하게 되고, 그에 따라 바람이 불지.

낮에는 육지가 금방 뜨거워지니까 그 위의 공기가 데워지면서 가벼워지고, 공기는 위로 올라가. 이때 차가운 바다 위의 공기가 이동해서 빈자리를 채워 주지. 그래서 바다에서 육지로 '해풍'이 불어.

밤에는 육지가 금방 차가워지고, 그 위의 공기도 같이 차가워져. 그런데 바다는 천천히 식으니까 그 위의 공기가 육지 쪽보다 따뜻해서 위로 올라가고, 차가운 육지 위의 공기가 그 빈자리를 채우지. 그래서 육지에서 바다로 '육풍'이 부는 거야. 이렇게 바닷가에 부는 해풍과 육풍을 합쳐서 '해륙풍'이라고 하지.

해륙풍은 흐린 날보다 맑은 날에 잘 불어. 맑은 날은 흐린 날보다 온도 변화가 커서 공기의 이동도 활발해지기 때문이야. 또, 해풍은 오후 2시 전후에 가장 세고, 육풍은 해가 뜨기 1~2시간 전에 가장 세지.

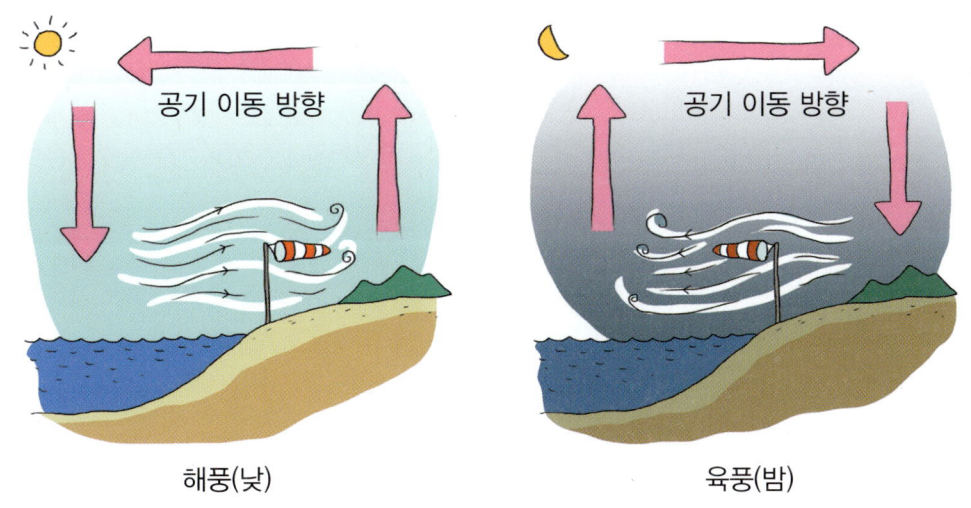

〈해륙풍의 원리〉

그러니까 생각해 봐. 용의자가 사진까지 보여 주며 주장한 알리바이. 그 사진 속에서 용의자의 머리카락은 바람에 심하게 날리고 있었지. 그런데 일출 때라면 육지에서 바다로 육풍이 불어야 하는데, 머리카락은 바다에서 육지로 불어오는 해풍 방향으로 날리고 있었던 거야. 이건 바로 사진을 합성했다는 증거. 결국 알리바이가 허위임을 증명하면서 사건을 해결할 수 있었지. 어때, 이젠 알겠지?

핵심 과학 원리 | 화합물의 성질

이상한 가을 소풍!

"보물 상자를 열라고 했으니까 거기에 어떤 장치가 되어 있다는 말이잖아.
혹시 비밀번호 같은 걸 알아내야 하는 게 아닐까?"
"비밀번호? 소금으로 무슨 비밀번호를 알아내?"

살벌한 분위기

어느새 늦은 가을로 접어들었다. 하나 둘 떨어지는 낙엽을 보니, 어린이 형사 학교 아이들의 마음도 자꾸 싱숭생숭해졌다.

"왠지 어디론가 떠나고 싶어라~."

철민이가 창문을 바라보며 소리치자 남우가 합세했다.

"그럼 우리 이번 주말에 식물원 갈래? 할아버지가 그러시는데 요즘 진짜 최고로 멋지대."

남우네 집안이 소유한 산에 있는 식물원을 말하는 것. 남우와 같이 어린이 형사 학교에 들어온 별이, 수리, 철민이는 남우를 따라 두 번 정도 간 적이 있다.

"정말? 그래, 가자! 가자!"

새로 온 아이들은 어딘지 모르니, 모두 갸우뚱. 철민이가 얼른 식물원에 대해 설명하자, 가고 싶은 표정이다. 그러나 찬물을 끼얹는 별이.

"꿈 깨. 우리라면 모를까, 너희는 월요일까지 숙제 내야 되잖아."

물론 그렇다. 하지만 너무도 얄밉게 말하는 별이. 그 말을 듣고 성질 급한 운동이가 발끈했다.

"네 걱정이나 해. 갑자기 웬 참견?"

그러자 별이가 기막힌 표정으로 대꾸했다.

"기껏 생각해 주니까 뭐라고?"

남우가 얼른 끼어들며 말렸다.

"아이참, 그만 해. 갑자기 왜들 그래?"

철민이가 분위기를 수습하려고 농담을 던졌다.

"허허! 왜들 이러시나. 가을 타시나?"

하지만 이미 썰렁해진 교실 안. 다시 회복될 기미가 없다. 사실 이것이 요즘 어린이 형사 학교의 진짜 모습이다. 겉으로는 서로 잘 어울려 지내는 것 같은데, 막상 속을 들여다보면 그렇지 않다.

정규 수업은 8명이 모두 같이 듣고, 오후 보충 수업은 새로 들어온 4명만 한다. 그러다 보니, 서로 약간의 경쟁심과 함께 서먹한 분위기가 계속되었다.

이상한 가을 소풍

특히 사사건건 날을 세우는 별이 때문에 종종 이런 사태가 벌어졌다. 그나마 철민이가 어떻게든 수습하려고 해서 그냥 넘어갈 뿐이다. 하지만 아이들 사이에 흐르는 묘한 썰렁함은 박 교장과 어 형사, 그리고 정 형사와 안 형사도 충분히 감지하고 남을 정도였다.

그때 벌컥 문이 열리더니, 어 형사가 수선을 떨며 들어왔다.

"으하하하! 앞으로 여러분이 가장~ 존경하고 좋아하는 사람이 누구냐는 질문을 받으면, 이제부턴 자신 있게, 어! 수! 선! 형사님, 아니지 어수선 교무부장님이라고 외쳐 주세요. 하하하하."

또 무슨 말을 하려고 자기 공치사부터 하는지? 모두 의아한 표정으로 쳐다보고만 있는데, 역시 어 형사 마음을 알아주는 사람은 리틀 어 형사, 철민이밖에 없다.

"왜요, 어 형사, 아니 교무부장님? 무슨 좋은 일 있으세요?"

"으하하하! 그래, 역시 내 말을 알아듣는 건 우리 귀여운 철민이밖에 없구나! 하하하."

귀여운 철민이라니! 어디가 귀엽다는 건지, 갑자기 온몸에 벌레가 스멀스멀하는 듯한 느낌. 그건 그렇고, 뭔가 좋은 일이 있단 말인데. 모두 궁금한 표정으로 쳐다보니, 어 형사가 거드름을 피우며 하는 말.

"간다. 소풍."

간다, 소풍? 소풍을 간다고? 정말?

"소풍 가요? 정말요?"

이제야 알아듣는 아이들. 저마다 한마디씩 한다.

"어디로요? 언제요?"

"어디로? 가을을 맘껏 느낄 수 있는 곳으로. 언제? 내일."

하지만 모두들 믿지 못하는 분위기. 답답했는지 어 형사가 다시 큰 소리로 말했다.

"아이참, 내일 소풍 간다고. 알아듣겠어?"

아이들은 이제야 상황 파악이 되었다. 그러니까 진짜 소풍을 간다는 말이지? 그것도 내일. 순간, 터져 나오는 환호성.

"야호! 신 난다."

근래에 아이들이 이렇게 좋아하는 모습을 본 적이 없다. 어 형사가 다시 한 번 쐐기를 박는다.

"이 교무부장님이 특별히 마련한 선물이다. 그러니까 이제부터 가장~ 존경하고 좋아하는 사람을 물으면?"

"어 형사님~."

모두 소리를 맞춰 대답하자, 철민이가 얼른 고쳐 말한다.

"아니, 교무부장님이오."

"하하하."

오랜만에 학교 가득 퍼지는 웃음소리. 도대체 형사가 뭐고, 공부가 뭔지. 이렇게 웃고 떠들어야 할 아이들에게 그동안 너무 가혹했던 건 아닌지. 어 형사는 기뻐하는 아이들의 모습을 보며 마음이 짠했다.

가을 소풍을 가다

"♬랄라, 우리들의 소풍. 랄라~, 줄을 맞춰 서서……♬."

유치원 때나 불렀음 직한 노래를 아침 내내 흥얼거리는 철민이. 하지만 누구도 시끄럽다고 하는 사람이 없으니, 겉으로 표현은 안 해도 처음 가는 소풍에 모두 마음이 한껏 부풀었다.

아침밥을 얼른 챙겨 먹고, 아이들과 박 교장, 어 형사, 정 형사, 안 형사까지 모두 함께 가을 소풍을 떠났다.

"♬랄라~, 우리들의 소풍. 랄라~, 줄을 맞춰 서서……♬."

버스에서도 계속되는 철민이의 노래에 남우가 웃으며 면박을 준다.

"야, 양철민. 너 소풍 노래 그거밖에 모르지?"

"어. 그럼 이거 말고 소풍 노래가 또 있냐?"

"그럼. ♬단풍잎이 아름다운 산으로 가자♬."

그러자 다른 아이들도 다 아는지 따라 부르기 시작한다.

"♬산새들이 노래하는 산으로 가자……♬."

모두 함께 입을 맞춰 노래를 부르니, 소풍 가는 기분이 절로 난다. 평소에도 이렇게 마음을 모으면 얼마나 좋을까?

그동안 박 교장은 아이들 사이의 썰렁한 분위기가 마음에 걸렸다. 가장 큰 걱정은 'CSI' 선발 테스트에서 떨어진 남우였다. 하지만 걱정과는 달리 잘 이겨 내는 모습이었다. 아무래도 달곰이가 많은 위로를 해 준 모양이다. 또, 겉으로는 차가워 보이지만 행여 남우가 상처받았을까 봐 은근히 챙겨 주는 별이. 언제나 명랑 쾌활한 성격으로 우울할 틈을 안 주는 철민이. 그리고 저녁 공부 때면 항상 남우를 챙겨 같이 공부하는 수리. 그 아이들 모두가 남우에게는 큰 힘이 되었을 것이다.

이제 걱정은 태양이다. 어떻게 보면 남우보다 더 어려운 처지가 되어 버렸다. 별이가 새로 들어온 다른 아이들은 챙겨 주는 것 같은데, 태양이가 남우를 밀쳐 내고 들어왔다는 생각 때문인지 태양이한테 심하게 구는 것을 박 교장도 알고 있었다. 다행히 태양이가 성격 좋고 참을성도 많은 아이라 아직까지 별이와 심하게 부딪치는 일은 없었지만, 둘 사이에 흐르는 한랭 전선은 물러날 기미를 보이지 않았다.

새로 들어온 아이들은 공부할 게 워낙 많아 힘들어 하면서도 잘 적응하는 것 같았다. 먼저 들어온 남우가 아이들에게 많은 도움을 주니, 남우와도 잘 지내는 분위기. 그러나 새로 들어온 아이들과 기존 아이들 사이에는 알게 모르게 뭔가 벽 같은 것이 있는 듯했다. 서로가 한 팀이라는 의식이 전혀 없다. 아니, 오히려 경쟁자라는 생각이 더 많다.

눈치 빠른 어 형사가 아이들의 이런 분위기를 모를 리가 없다. 게다가 정 형사와 안 형사 사이에 흐르는 묘한 경쟁 심리까지. 뭐든 좋은 게 좋은 거라는 인생관을 가진 어 형사로서는 아이들은 어려서 그렇다 치지만 정 형사와 안 형사의 묘한 관계는 도저히 이해가 되지 않았다. 선후배끼리 서로 돕고 사이좋게 지내면 좋을 텐데 하는 생각이었다.

여하튼 어린이 형사 학교 전체 분위기가 이렇게 꿀꿀하니, 교무부장으로서 보고 있을 수만은 없다고 생각한 어 형사는 박 교장에게 소풍을 제안했다. 그렇게 해서 아이들의 가을 소풍이 마련된 것이다.

버스는 어느새 낙엽 지는 길을 따라 신 나게 달렸다. 그렇게 한 시간쯤 달려 도착한 곳은 바로 경기도에 있는 작은 미술관. 아이들은 숲과 어우러져 자연의 일부가 된 미술관에서 작품들을 감상했다. 그러자 아이들은 공부에 지치고, 사건에 지치고, 다른 아이들 사이의 관계에 지쳐, 단단히 굳어 있던 마음이 스르르 풀리며 한결 편안해지는 기분이었다.

오전에는 미술관에 준비된 티셔츠에 그림 그리기, 양초 공예 등을 하면서 즐거운 시간을 보냈다. 점심으로는 윤기가 자르르 흐르는 흰 쌀밥에 갖가지 산나물로 차려진 밥상을 마주하니, 밥맛도 오랜만의 여유도 정말 꿀맛 같았다.

그건 박 교장과 형사들도 마찬가지. 까칠한 정 형사도 오늘만큼은 푸근하게 웃고, 군기 바짝 든 안 형사도 하하 호호 연신 웃어 대니, 말 그대로 분위기는 최고. 점심을 먹고 나자 어 형사가 나서며 말했다.

"자, 그럼 이 분위기를 계~속 몰아서, 가을 소풍의 하이라이트! 소풍에서 빠지면 절대 안 되는 시간이죠! 바로바로~."

"장기 자랑요?"

"아니죠. 장기 자랑, 아닙니다."

그러자 이번엔 남우가 끼어들었다.

"그럼 게임이오?"

"게임? 오호! 비슷해. 그런데 게임 중에서도 아주 특별한 게임. 바로바로, 보물찾기! 와!"

그러면서 혼자 박수까지 치니, 북 치고 장구 치고 혼자 다 한다. 그러나 보물찾기라는 말에 아이들도 모두 솔깃해졌다. 원소가 다시 물었다.

"상품이 뭔데요?"

"우리 원소, 성질도 급하지. 그야 찾아보면 알지~. 자, 그럼 보물찾기 장소로 모두 출발!"

정말 보물찾기를 하려나 보다. 보물이 뭘까? 어디로 가는 거지? 아이들은 잔뜩 기대를 하며 어 형사를 따라 걸었다. 10분쯤 걸었을까? 그런데 아이들 앞에 나타난 것은 바로!

"헉! 뭐야? 학교잖아."

화산이가 황당하다는 듯 말했다. 그것도 그냥 학교가 아니다. 다 쓰러져 가는 폐교.

"여, 여기서 보물찾기를 한다고요? 폐교에서요?"

수리도 황당한 표정으로 물었다.

"혹시 보물찾기가 아니라 귀신 찾기 아니에요?"

"으하하하!"

별이의 말에 모두 박장대소. 그런데 어 형사의 표정이 심상치 않다. 뿐만 아니라 박 교장, 정 형사, 안 형사까지 뭔가 음흉한 웃음을……. 맞는가 보다. 여기서 보물찾기를 한다는 것이.

"이제부터 보물찾기를 시작한다. 보물찾기는 네 명씩 두 팀으로 나눠서 할 거다. 물론 먼저 보물을 찾는 팀에게만 상품이 있다."

"팀은 어떻게 정하는데요?"

운동이가 묻자, 어 형사가 검은색 비닐봉지를 내밀며 말했다.

"제비뽑기!"

이왕이면 좀 멋진 모자나 상자에 넣어 올 것이지, 모양 빠지게. 여하튼 그렇게 해서 한 명씩 제비를 뽑았는데, 강별, 최운동, 양철민, 소남우가 '얼씨구'팀. 신태양, 송화산, 장원소, 황수리가 '절씨구'팀.

"아이참, 얼씨구절씨구가 뭐예요? 촌스럽게."

철민이의 핀잔에 어 형사가 한술 더 뜬다.

"그럼 지화자 팀이랑 좋다 팀 할래? 얼씨구절씨구 지화자 좋~다."

"우~."

역시 유치하기로는 세계 제일인 어 형사. 극구 좋다고 우긴다.

하기야 팀 이름이 촌스러우면 어떤가. 보물만 찾으면 되지. 그렇게 폐교에서의 이상한 보물찾기가 시작되었다.

 첫 번째 관문

먼저 '1학년 1반'이라는 이름패를 찾아 들어간 얼씨구 팀. 벽면 여기저기 칠이 벗겨지고, 먼지 쌓인 책상들이 널브러져 있는 모습이 말 그대로 귀신 나올 만한 곳이었다.

"으……. 정말 으스스한데."

남우가 무서운 듯 주위를 둘러보았지만 호기심 많은 운동이는 아랑곳하지 않고 여기저기를 뒤지고 다니며 재미있어 했다.

"와, 이게 뭐야? 김말순. 헤헤, 말순이가 보던 책인가 보다. 와, 몽당연필이랑 분필도 많다. 칠판에 낙서해 봐야지. 먼저 다니던 학교에서는 쉬는 시간마다 친구들이랑 낙서하면서 놀았는데, 어린이 형사 학교에 와서는 한 번도 못했네. 헤헤헤."

"와, 선생님 책상도 있다. 꼭 한 번 앉아 보고 싶었는데."

철민이도 운동이에게 질세라 수선을 피우는데, 별이는 교실 한가운데 서서 아무 말이 없다.

'휴! 이 난장판 속에서 뭘 찾으라는 거야?'

분명히 보물이라고 했으니, 뭔가가 이 안에 숨겨져 있다는 말이다.

그런데 워낙 지저분해서 어디서부터 찾아야 할지 난감했다. 그때였다.

"어, 이게 뭐지?"

선생님 책상에 앉아 구경하던 철민이가 서랍 속에서 뭔가 발견한 모양이다. 모두 다가가 보니, 두 번 접힌 흰 종이. 철민이가 눈이 동그래져 수선을 피운다.

"맞다! 이건가 봐. 보물찾기를 할 때 이렇게 종이에 써서 하잖아."

"그래. 아까 제비뽑기했던 종이랑 똑같다."

역시 눈썰미 짱, 강별이다.

"그럼 펴 봐. 빨리."

운동이가 재촉하자, 철민이가 얼른 종이를 폈다.

그런데 이게 뭔가? 아무것도 없다.

"뭐야? 빈 종이잖아."

남우가 실망해서 말했다. 그러게 말이다. 그런데 이 빈 종이는 왜 책상 서랍 속에 들어 있었을까?

한편, 2학년 1반으로 들어간 절씨구 팀. 역시 상황은 얼씨구 팀과 마찬가지. 교실 모습을 보고 모두 할 말을 잃은 듯했다. 제일 먼저 정신을 차린 아이는 수리.

"빨리 찾아야 되지 않을까? 어쨌든 이 안에 있다는 말이잖아."

"그래, 얼씨구 팀이 찾기 전에 우리가 먼저 찾자."

화산이가 여기저기 먼지를 걷어 내며 단서가 될 만한 걸 찾기 시작했다. 다른 아이들도 모두 나서서 뒤지는데, 잠시 후.

"이게 뭐지?"

원소가 다 부서진 사물함 안에서 접힌 종이 하나를 꺼냈다.

"펴 봐, 빨리."

화산이의 말에 원소가 얼른 종이를 펼쳤는데, 역시 아무것도 없다.

"뭐야? 아무것도 없잖아."

화산이가 실망한 듯 말하자, 원소가 갑자기 종이를 들고 창쪽으로 가더니 종이를 들어 햇빛에 비춰 이리저리 살펴보았다. 그러더니 자신 있게 말했다.

"이건 양초로 쓴 글씨야."

"양초?"

"응. 빛에 비추니까 반질반질한 게 보여."

"그럼 얼른 읽어 봐."

수리가 재촉했다.

"좀 긴 글 같은데 잘 안 보여. 잠깐! 방법이 생각났어."

그러더니 가방에서 물병을 꺼내 종이에 물을 붓는 원소.

"뭐 하는 거야? 젖잖아."

화산이가 화들짝 놀라며 말하자, 원소는 웃으며 대답했다.

"걱정 마. 일부러 적신 거니까. 양초의 성분인 파라핀에는 물이 스며들거나 배어들지 못하게 하는 방수성이란 성질이 있거든. 자, 봐."

그러면서 종이를 펼쳐 보여 주는데, 정말 글자가 보인다.

"다른 곳은 젖었지만 글자는 젖지 않았지?"

"가만, 미술 시간에 크레파스로 그림을 그린 다음 물감으로 칠하면 이렇게 되던데. 그럼 크레파스에도 방수성이 있나 보지?"

수리의 말에 원소가 대답했다.

"응, 크레파스에 들어 있는 왁스나 기름에도 방수성이 있지."

이때 화산이가 재촉했다.

"아이참, 뭐 해? 빨리 읽어 봐야지."

"아, 맞다, 맞다!"

그래서 얼른 읽어 보니, 다음과 같았다.

> 빨간 별 아래 프로펠러가 날아다니는 곳을 찾아라!

이건 또 무슨 소린가? 동시도 아니고, 갑자기 웬 프로펠러?

같은 시간, 얼씨구 팀 역시 종이에 뭔가 글씨가 씌어 있다는 것을 알아챘다. 별이가 손으로 만져 보니, 반질반질한 게 느껴졌다.

"뭐로 쓴 거지? 반질반질한데?"

"반질반질하다고? 아, 가만! 혹시 양초!"

그러면서 책상 서랍에 든 하얀 양초 조각을 꺼내 보이는 철민이. 그러더니 씩 웃으며 말했다.

"좋았어. 양초로 쓴 거라면 간단한 방법이 있지. 색연필 좀 찾아봐."

"색연필?"

아이들은 의아해 하면서도 모두 색연필을 찾기 시작했다. 그리고 남우가 책상 서랍에 남아 있던 색연필 한 자루를 발견해 건네자, 철민이는 그것을 종이 위에 문질렀다.

그러자 서서히 글자가 나타났다.

> **빨간 별 아래 프로펠러가 날아다니는 곳을 찾아라!**

"빨간 별? 프로펠러? 도대체 뭐야, 이게?"

철민이가 불만을 터뜨렸다. 도대체 알아들을 수 있는 소리를 해야지. 그런데 바로 그때였다. 남우가 소리쳤다.

"알았어. 단풍나무야."

"단풍나무?"

"그래, 단풍나무 잎이 물들면 빨개지잖아. 잎은 별 모양이고."

"그럼 프로펠러는 뭐야?"

별이가 묻자 남우가 대답했다.

"단풍나무 열매 양쪽에는 얇고 납작한 날개가 달려 있어. 그리고 그 중심에 두 개의 씨앗이 자리잡고 있지. 그런데 열매가 떨어질 때, 이 날개가 프로펠러가 도는 것처럼 빙글빙글 돌며 추진력을 제공해서 씨앗을 퍼뜨리거든."

"오, 좋아, 좋아! 그럼 단풍나무만 찾으면 되겠네."

철민이가 흥분해 말하자 남우가 대답했다.

"아까 들어올 때 보니까, 운동장 동상 옆에 한 그루 있더라."

역시 소남우. 어딜 가든 제일 먼저 살피는 게 나무. 그러니 다른 아이들은 못 본 단풍나무를 본 것이다. 아이들은 곧바로 운동장 동상 옆 단풍나무로 뛰어갔다.

한편, 절씨구 팀의 태양이 역시 종이에 쓰인 글의 뜻을 알아차렸다. 그런데 폐교의 모습이 하도 으스스해서 어떤 나무들이 있는지는 미처 보지 못했다. 결국 절씨구 팀은 단풍나무를 찾아 이리저리 뛰어다닐 수밖에 없었다.

두 번째 관문

 허겁지겁 단풍나무를 찾아온 얼씨구 팀. 나무 밑에는 똑같은 모양의 상자 두 개가 놓여 있었다.
 "어, 상자가 두 개네. 어떤 거지?"
 철민이가 어리둥절한 표정으로 말하자, 단풍나무 뒤에서 귀에 익은 목소리가 들렸다.
 "똑같은 거니까 하나만 열어 봐."
 언제 왔는지 안 형사가 서 있었다.
 "그럼, 이거요!"
 말이 끝나기가 무섭게 왼쪽 상자의 뚜껑을 여는 철민이. 그런데 보물은커녕 이건 또 뭔가? 물병 한 개와 편지 한 장. 편지를 펼쳐 보니, 다음과 같이 씌어 있었다.

> 마셔 보고, 안에 든 알갱이로 현관에 있는 보물 상자를 열어라!

"이걸 마시라고요? 이게 뭔데요?"

운동이가 묻자, 안 형사는 어깨를 으쓱하며 대답했다.

"나도 모르지."

살짝 불안한 아이들. 하지만 지체할 시간이 없다.

금방이라도 절씨구 팀이 도착할 것만 같은 생각에 철민이는 병뚜껑을 열고 안에 든 것을 벌컥벌컥 마셨는데, 바로 웩! 잔뜩 인상을 찌푸리며 소리쳤다.

"뭐야, 이거! 퉤퉤!"

"왜 그래? 뭔데?"

모두 눈이 휘둥그레져 물었지만 철민이는 대답은 안 하고 계속 구역질만 했다. 궁금한 별이가 얼른 마셔 보더니, 역시 웩! 하며 내뱉었다.

"으~, 소금물이잖아."

참 황당하기도 하다. 갑자기 왜 소금물을 마시라는 건가?

"안에 든 알갱이로 보물 상자를 열어라? 가만, 소금물에 든 알갱이라면 소금? 그럼 소금으로 보물 상자를 열라는 말이야?"

소금이 열쇠도 아니고, 어떻게 보물 상자를 열라는 것인지?

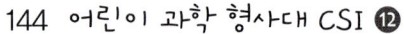

"보물 상자가 어떻게 생겼는지 보면 알 수 있지 않을까?"

별이의 말에 얼씨구 팀 아이들은 현관으로 몰려갔다. 그런 아이들의 뒷모습을 보며 킬킬거리는 안 형사. 어떤 보물인지도 모르고 저렇게들 열심히 뛰어다니니, 애들은 애들인가 싶었다.

얼씨구 팀이 현관으로 가 보니, 어 형사가 보물 상자를 지키고 있었다. 그런데 보물 상자에는 디지털 자물쇠가 걸려 있는 것이 아닌가!

"소금으로 이 자물쇠를 어떻게 열어요?"

남우가 황당하다는 듯 묻자, 어 형사는 살살 약을 올리며 대답했다.

"그걸 알아내야지. 왜, 모르겠어?"

모르니까 그렇지. 알았으면 벌써 열었지. 아이들은 정말 난감했다.

"혹시 이 자물쇠를 소금물에 담그면 녹아 버리는 게 아닐까?"

역시 철민이다운 생각이다. 하지만 그럴 리가 있겠는가! 별이가 가만히 자물쇠를 살폈다. 두 자릿수의 비밀 번호를 두 번 입력하게 되어 있는 자물쇠. 그렇다면, 두 자릿수 비밀번호 두 개를 알아내야 한다는 말인데, 그게 소금이랑 무슨 상관이 있을까?

"헤헤, 막막~하지?"

왜 소금을 먹어야 할까?

소금은 우리가 생명을 유지하기 위해 꼭 먹어야 해. 소금은 세포 밖에 있는 체액의 수분을 조절하여, 세포 안과 밖에 있는 물질의 농도가 일정하게 균형을 유지할 수 있도록 하지. 그리고 이를 통해 우리 몸이 영양분을 분해하고 노폐물을 밖으로 내보내는 활동이 원활하게 이루어지거든. 그밖에 소금은 위액의 성분인 염산을 만드는 원료가 되어 음식물의 살균이나 소화를 돕고, 간접적으로 적혈구의 생성을 도와주며 땀을 내게 하여 체온도 조절해 주지.

옆에서 살살 약을 올리는 어 형사. 이럴 땐 정말 밉상이다.

그사이 얼씨구 팀도 운동장에 있는 단풍나무를 찾아냈다.

"얼씨구 팀 왔다 갔어요?"

화산이가 헉헉거리며 묻자, 고개를 끄덕이는 안 형사. 모두 기운이 빠졌다. 결국 졌단 말인가. 그러자 안 형사가 상자를 가리키며 말했다.

"아직 끝난 거 아냐. 상자나 열어 봐."

"정말요?"

정신이 번쩍 든 절씨구 팀. 화산이가 재빨리 하나 남은 상자를 여니, 역시 물병 한 개와 편지 한 장이 들어 있다. 편지의 내용은 마찬가지. 절씨구 팀도 얼른 물병에 든 것을 마셨다. 그러고는 모두 웩~. 소금물을 마셨으니 그럴 수밖에. 그때, 원소가 혼자 중얼거렸다.

"소금물 안에 든 알갱이라면 소금인데."

그러자 태양이가 말했다.

"보물 상자를 열라고 했으니까 거기에 어떤 장치가 되어 있다는 말이잖아. 혹시 비밀번호 같은 걸 알아내야 하는 게 아닐까?"

"비밀번호? 소금으로 무슨 비밀번호를 알아내?"

화산이의 말에 수리가 자신의 의견을 말했다.

"소금과 숫자, 연관 있는 게 뭐지?"

그러자 화산이가 다시 대답했다.

"소금을 팔 때 되로 팔잖아. 소금 한 되, 두 되. 또, 소금을 넣을 땐 숟가락으로 넣지. 소금 한 숟가락, 두 숟가락."

바로 그때였다. 원소의 머리에 번쩍 스치는 것이 있었으니!

"가만, 소금이라면, NaCl. 염화나트륨이잖아."

"그렇지, 염화나트륨. 그게 숫자랑 무슨 상관이……."

화산이의 말이 채 끝나기도 전에 원소가 말했다.

"그리고 염화나트륨은 나트륨(Na)과 염소(Cl)로 이루어진 화합물이잖아. 그치?"

"화합물?"

"응. 소금, 물, 이산화탄소 등 우리 주변에는 화합물이 아주 많아. 물은 수소와 산소로 이루어진 화합물이고, 이산화탄소는 탄소와 산소, 소금은 나트륨과 염소가 결합한 화합물이지. 그리고 이렇게 화합물을 이루는 산소, 탄소, 수소, 나트륨, 염소 등을 '원소'라고 해. 즉, 원소는 물질을 만드는 기본 성분이라고 할 수 있지."

"그래. 그래서 수소(H) 두 개와 산소(O) 한 개가 만나서 만들어진 화합물, 즉 물의 화학식은 H_2O가 되지."

태양이가 아는 척을 하자 원소가 말을 이었다.

"그래, 맞아. 지금까지 알려진 원소는 112여 종이나 돼. 그중 90여 종만이 자연에서 발견된 것이고, 나머지는 인공으로 만든 것이지. 이 원소들이 모여서 수많은 물질을 만들어 내는 거야."

"그런데 그게 숫자와 무슨 상관이 있어?"

화산이가 물었다.

"소금, 즉 염화나트륨은 나트륨 원소와 염소 원소가 결합해 만들어진 화합물이니까, 혹시 원자 번호를 말하는 건 아닐까?"

"원자 번호?"

태양이가 물었다.

"원소를 어떤 순서에 따라 배열하면 성질이 비슷한 원소가 주기적으로 나오는데, 이렇게 원소를 배열한 표를 '주기율표'라고 해. 그런데 주기율표에서 원소를 배열할 때에는 원자 번호의 차례로 배열해. '원자 번호'는 원소의 종류를 나타내는 수인데, 원소의 화학적 성질을 결정하기 때문에 아주 중요하지."

"그럼 나트륨이랑 염소의 원자 번호는 뭔데?"

수리가 물었다. 원소의 대답은?

"나트륨은 11, 염소는 17."

"가만, 그럼 보물 상자를 여는 비밀번호가 11과 17이라는 거잖아. 두 자릿수 비밀번호라……. 그런 자물쇠가 있을까?"

"그거야 가 보면 알게 되겠지."

수리의 물음에 대답하면서 잽싸게 현관으로 뛰어가는 화산이. 그 뒤를 태양이와 수리, 원소도 따라 뛰었다.

원자와 원소의 차이는?

물질을 쪼개고 또 쪼개다 보면 더 이상 쪼갤 수 없는 알갱이가 나오는데 그것을 '원자'라고 해. 원자가 모이면 '분자'가 되지. 분자는 물질의 화학적 성질을 지니는 가장 작은 알갱이야. 수소 원자 2개와 산소 원자 1개가 만나면 물 분자가 되지. 반면에 '원소'는 물질을 구성하는 기본 요소의 종류를 말해. 그러니까 물을 구성하는 원소는 수소와 산소가 되는 거지.

승리는 누구 것?

절씨구 팀이 현관에 가 보니, 얼씨구 팀이 보물 상자를 둘러싸고 있었다. 놀란 화산이가 물었다.

"뭐야, 벌써 열었어?"

그러자 어 형사가 대신 대답했다.

"아니~."

그러자 철민이는 벌써 눈치를 채고는, 보물 상자의 자물쇠를 가리고 난리가 났다.

"안 돼. 이건 우리 거야."

"뭐야, 양철민. 그건 반칙이다."

화산이가 철민이를 잡아끌자 다른 아이들도 달라붙어 난리가 났다. 하여간 어린이 형사 학교 아이들의 경쟁심은 아무도 못 말린다. 엄청난 보물이라도 든 줄 아는지. 그때였다. 낮지만 날카로운 목소리.

"모두 그만!"

정 형사다. 순간, 모두 움찔하고 물러났다. 역시 카리스마 정 형사. 재미 삼아 하는 보물찾기가 뭐 그리 대단하다고 저 난리인가 싶은 표정. 아이들이 물러나자, 정 형사가 물었다.

"절씨구 팀, 비밀번호를 알아냈나?"

"네, 그런 것 같습니다."

"기회는 번갈아 주어진다. 만약 너희가 열지 못하면, 기회는 얼씨구 팀에게 넘어간다. 해 보겠나?"

갑자기 틀리면 어떡하나 하는 걱정이 앞서는 절씨구 팀. 하지만 일단 해 보리라 마음먹고, 모두 한목소리로 대답했다.

"네!"

원소가 앞으로 나섰다. 그리고 조심스럽게 번호를 눌렀다. 첫 번째 비밀번호는 11. 그러자 'OK' 표시와 함께, '딩동댕'. 맞다는 표시음이 나오자, 절씨구 팀의 환호성!

"와~."

동시에 얼씨구 팀의 아쉬운 한숨.

"아~."

"뭐야, 맞힌 거야? 뭔데? 몇 번인데?"

철민이가 궁금함을 참지 못하고 묻자, 별이가 얼른 쏘아붙였다.

"조용히 좀 해."

아무래도 절씨구 팀이 먼저 맞힐 것 같은 느낌이 들어 별이는 불안했다. 다시 원소가 두 번째 비밀번호를 누르기 시작했다. 17. 그러자 다시 'OK'라는 표시와 함께 '딩동댕'.

"와! 성공이다! 성공!"

또다시 울리는 환호성. 절씨구 팀, 방방 뛰고 야단법석이다.

"아, 뭐야? 한 번에 맞히는 게 어디 있어?"

철민이가 생떼를 써 보지만 소용없는 일. 별이가 아직도 아쉬운 표정으로 물었다.

"어떻게 맞힌 거야?"

원소가 신 나서 설명했다.

"소금물에 든 알갱이로 보물 상자를 열라고 했잖아. 그래서 소금과 관련된 숫자를 생각해 봤지. 원자 번호가 떠오르더라고. 소금은 나트륨과 염소의 화합물이잖아. 그러니까 나트륨의 원자 번호 11과 염소의 원자 번호 17이 비밀번호가 아닐까 생각한 거지."

"우아! 대단하다, 장원소."

남우가 놀라워하며 말했다. 결국 폐교에서 벌어진 이상한 보물찾기는 절씨구 팀의 승리로 돌아갔다.

즐거운 가을 소풍

그렇다면 보물은 도대체 뭔가? 드디어 개봉박두. 원소가 조심스럽게 보물 상자를 열었다. 그런데 이건? 봉투가 들어 있고, 그 안에는 '상품권'이라고 씌어진 종이 세 장이 들어 있었다. 첫 장을 원소가 읽었다.

"상품 하나. 수행 평가 점수 5점 가산."

"헉! 이게 수행 평가였어요?"

별이가 깜짝 놀라며 물었다. 그러자 정 형사가 말했다.

"그럼 아무 생각 없이 놀러 온 줄 알았어?"

하기야 정 형사가 수업까지 빼먹고 소풍을 왔을 리가 없지. 아무 말 없이 따라오는 정 형사를 왜 이상하다고 생각하지 않았을까?

"그래서 내가 특별히 준비한 거다. 엉겁결이라도 점수 따니, 좋지?"

"네!"

물론 절씨구 팀의 대답이다. 얼씨구 팀은 완전 우울 모드. 점수에 민감한 별이는 너무 속상했다. 다음에 두 번째 장을 수리가 읽었다.

"상품 둘. 일주일 간 아침 운동 면제."

그렇다면 이건 안 형사가 준비한 상품.

"헉, 뭐야! 이렇게 좋은 것을! 안 돼요. 다시 해요, 다시요."

철민이가 억울하다는 듯 난리가 났다. 하지만 버스는 이미 떠난 후, 어찌할 도리가 없다. 다음에 세 번째 장을 태양이가 읽었다.

"상품 셋. 삼겹살 파티."

박 교장이 준비한 상품이다. 그러자 얼씨구 팀이 난리를 피운다.

"헉! 이게 더 좋잖아. 너무해요. 뭘 그렇게 많이 줘요. 우리 한 개만 나눠 주라. 응?"

역시 뭐니 뭐니 해도 최고의 선물은 먹는 것인가 보다. 절씨구 팀은 좋아서 어깨춤이 절로 났다. 반면 시무룩해진 얼씨구 팀은 입이 오리 주둥이만큼 나왔다. 그래도 시끌벅적한 보물찾기를 끝내고 나니, 8명 모두가 조금은 친해진 느낌이 들었다.

학교로 돌아오는 버스 안에서 서로 어우러져 신 나게 수다를 떠는 모습을 보며, 박 교장은 흐뭇했다. 모두 착하고 똑똑한 아이들이니까 이렇게 조금씩 서로에게 마음의 문을 열면 금방 좋은 친구가 될 것이다. 그런 박 교장의 모습을 보고 어 형사가 자화자찬을 잊지 않는다.

"헤헤. 제 작전이 확실하게 먹혀들었죠? 교장 쌤은 똑똑한 교무부장 둔 줄 아세요."

절씨구 팀은 의논 끝에 고깃집에 가는 대신, 그 돈으로 학교 식당에서 다 같이 삼겹살 파티를 하자는 예쁜 제안을 했다. 당연히 모두 OK. 모두 모여 함께 먹으니 맛도 최고. 정말 이상한 가을 소풍, 아니, 영원히 잊지 못할 즐거운 가을 소풍이었다.

 # 원소가 들려주는 사건 해결의 열쇠

가을 소풍, 폐교에서 벌어진 이상한 보물찾기. 소금을 이용해 비밀번호를 알아낼 수 있었던 것은 '화합물'과 '원소'에 대해 잘 알았기 때문이야.

💡 원소란?

고대 그리스 사람들은 이 세상의 모든 물질들이 물, 불, 공기, 흙으로 만들어졌다고 믿었어. 이 네 가지 물질이 어떤 비율로 섞여 있느냐에 따라 뼈도 되고, 금도 된다고 생각했지.

이처럼 사람들은 아주 오랜 옛날부터 우리 주변의 수많은 물질이 어떤 기본 성분으로 이루어져 있을 것이라고 생각했어. 그런데 물질 연구가 계속되면서 물질을 이루는 기본 성분에 대한 설명이 달라졌어.

〈여러 가지 물질과 원소〉

물을 전기 분해하면 산소와 수소로 나뉘어지지. 그리고 산소와 수소는 가열이나 전기 분해와 같은 화학적 방법으로는 더 이상 나뉘어지지 않지. 이처럼 화학적인 방법으로는 더 이상 다른 물질로 나뉘어지지 않는 물질을 '원소'라고 해. 따라서 원소는 물질을 구성하는 기본 성분이 되지. 이 세상의 모든 물질은 한 가지 또는 두 가지 이상의 원소로 이루어져 있어.

원소는 저마다 독특한 성질을 가지고 있어. 수소는 색깔과 냄새가 없으며, 지구상에 존재하는 물질 중 가장 가볍고, 불에 타기 쉬운 성질이 있어. 산소는 다른 물질이 잘 타도록 도와주고, 물에 잘 녹지 않지. 탄소는 높은 온도에서 산소와 쉽게 결합해. 금은 공기나 물속에서도 쉽게 변하지 않아, 옛날부터 귀한 금속으로 대접을 받았지.

지금까지 알려진 원소는 112여 종인데, 그중 90여 종만이 자연에서 발견된 것이고 나머지는 인공으로 만든 거야.

원소와 화합물

산소와 수소가 만나 결합하면 물이 되고, 산소와 탄소가 만나 결합하면 이산화탄소나 일산화탄소가 되지. 이렇게 두 가지 이상의 원소가 모여 이루어진 물질을 '화합물'이라고 해.

화합물은 원소 각각의 성질을 잃어버리고, 전혀 다른 새로운 성질을 가지게 돼. 예를 들어 볼까? 염소와 나트륨이 만나면 염화나트륨, 즉 우리가 먹는 소금이 만들어져. 나트륨은 칼로 자를 수 있을 정도로 무르고 물에 넣으면 치직 소리를 내며 격렬하게 반응하는 은백색의 금속이야. 염소는 자극적인 냄새가 나는 황록색 기체지. 그런데 둘의 화합물인 소금은 물에 넣으면 잘 녹고, 짠맛이 나며, 먹을 수 있어.

화합물이 아닌 물질은 한 가지 원소로만 구성되어 있는데, 이를 '홑원소 물질'이라고 해. 다이아몬드, 금, 산소, 알루미늄, 구리 등 꽤 많지.

〈염화나트륨의 생성〉

💡 원소와 주기율표

러시아의 화학자 멘델레예프는 〈화학의 원리〉라는 책을 쓰기 위해 그때까지 알려진 63종의 원소를 어떻게 배열할까 고민했어. 그러다 원소들을 상대적인 질량 순서대로 배열해 보니, 어떤 주기마다 비슷한 성질이 반복되는 것을 발견했어. 그래서 성질이 비슷한 원소끼리 가로세로로 배열하여 표를 만들었지. 그것이 바로 '주기율표'야.

그런데 주기율표를 만들다 보니, 중간에 빈칸이 생기는 거야. 멘델레예프는 그것을 아직 발견되지 않은 원소일 거라고 생각하면서 주기율표를 이용해 이들의 성질도 예측할 수 있다고 했지.

주기율표에는 각각의 원소를 알파벳으로 간단히 나타내는데, 이를 '원소 기호'라고 해. 수소는 H, 산소는 O, 탄소는 C, 나트륨은 Na, 염소는 Cl로 나타내지. 그리고 원소 기호 밑에는 원소 이름을, 그 위에는 원자 번호를 쓰지.

'원자 번호'는 원소의 종류를 결정하는 수의 값으로, 원소의 화학적 성질을 결정해.

〈원소의 주기율표〉

그러니까 생각해 봐. 소금물에 든 알갱이는 소금. 보물 상자를 열기 위한 비밀번호와 소금과의 관계를 생각한 결과, 소금은 나트륨과 염소의 화합물이라는 걸 생각해 냈지. 그래서 **나트륨의 원자 번호 11과 염소의 원자 번호 17을 입력하여, 보물 상자를 열 수 있었던 거야.** 어때, 재미있지?

안 형사, 나 좀 봐요!

부르셨어요, 정 형사님?

크... 크다!

일……일단 거기 좀 앉아 봐요. 할 말이 있으니.

네. 무슨 일이시죠?

용건만 간단히 말할게요. 시험 때니까 아이들이 공부에만 집중했으면 해요.

그러니 체력 훈련 시간을 조금 줄이면 어떨까요?

안 됩니다. 그럴 수는 없죠.

체력 훈련 때문에 공부할 시간이 없는 건 아니잖아요.

체력도 공부만큼이나 중요합니다.

끄응~.

CSI, 함께 놀며 훈련하다!

태양이와 함께 하는 신기한 놀이

① 지문 찍기

지문은 사람마다 달라. 그러면 실제로 지문을 찍어서 내 지문과 다른 사람의 지문이 정말 다른지 비교해 볼까?

• 준비물 •

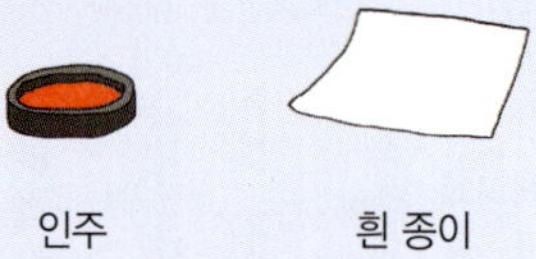

인주   흰 종이

❶ 오른손 엄지손가락에 인주를 묻혀 흰 종이에 찍는다.

❷ 친구나 가족의 엄지손가락에도 인주를 묻혀 그 옆에 찍는다.

❸ 지문 모양을 서로 비교한다.

우리나라에서는 옛날부터 엄지손가락의 지문을 찍어 도장을 대신하곤 했어. 왜냐하면 지문은 사람마다 달라서 그 사람임을 증명할 수 있기 때문이지. 잘 관찰해 보면 다른 사람은 물론이고, 내 오른손과 왼손의 지문도 달라. 어때, 신기하지?

❷ 나도 CSI

과학 수사에서 쓰이는 지문 채취 방법을 우리도 따라 해 볼까? 아주 쉽고 재미있어.

잘 보이지 않던 지문이 파스텔 색깔 그대로 선명하게 보이지? 지문에 있던 피부의 기름기가 물건의 표면에 남으면서 그대로 찍힌 거야. 집 안을 돌아다니면서 지문을 채취한 다음, 가족의 지문과 비교해 보면 금방 누구의 것인지 알 수 있어. 그럼 친구들도 'CSI'. 어때, 멋지지?

❶ 동전 마술

관성을 이용하면 아주 재미있는 마술을 할 수 있어. 바로 동전 마술. 한 번 따라해 봐.

• 준 비 물 •

유리컵
동전 1개   빳빳한 카드

❶ 유리컵 위에 빳빳한 카드를 올려놓는다.

❷ 카드 위에 동전을 놓는다.

❸ 손가락으로 카드 모서리를 재빨리 쳐서 카드를 빼낸다.

쨍그랑! 동전이 그대로 유리컵 속으로 떨어졌지? 분명히 동전은 카드 위에 있었으니, 카드가 날아갈 때 같이 날아갈 줄 알았는데 말이야. 그 이유가 뭘까? 바로 정지해 있던 동전은 계속 정지해 있으려고 하는 관성 때문이야. 신기하지?

2 달걀 고르기 게임

달걀은 겉으로 봐서는 삶은 달걀인지 날달걀인지 잘 구별이 안 되지? 이럴 땐 간단하게 고르는 방법이 있어.

팽이처럼 뱅뱅 잘 도는 달걀은 삶은 달걀, 몇 번 돌다 멈춰 버리는 달걀은 날달걀이야. 삶은 달걀의 흰자위와 노른자위가 고체 상태로 하나가 되어 같이 돌기 때문에 관성에 의해 계속 돌지만, 날달걀의 속은 액체 상태여서 흰자위와 노른자위가 제각각 돌기 때문에 금방 멈추게 돼.

별이랑 함께하는 신기한 놀이

1 뜨거운 공기는 위로!

뜨거워진 공기는 가벼워져서 위로 올라간다는데, 그게 정말일까? 실험으로 확인해 보자고.

• 준비물 •
파우더
수건   스탠드

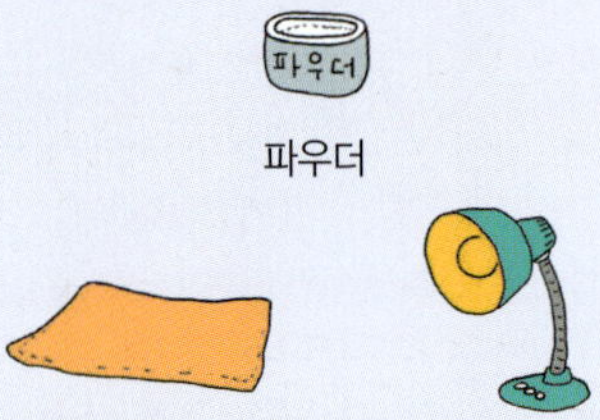

❶ 스탠드를 잠시 켜 놓아서 주변의 공기가 따뜻해지게 한다.

❷ 수건에 파우더를 살짝 뿌린다.

❸ 스탠드 위에서 수건을 털어 파우더가 어디로 가는지 본다.

스탠드를 켜 놓으면 그 열로 인해 주변의 공기가 따뜻해지지. 그럼 데워진 공기는 가벼워져 위로 올라가는데, 우리 눈에는 잘 보이지 않으니까 파우더를 뿌려서 확인하는 거야. 어때? 파우더가 위쪽으로 날아 올라가는 것을 볼 수 있지? 그러니까 뜨거운 공기는 위로! 이젠 확실히 알겠지?

172 어린이 과학 형사대 CSI ⑫

❷ 흙과 물의 온도

흙과 물의 온도 변화에는 어떤 차이가 있는지 알아볼까? 간단한 실험을 해 보자.

어때? 냉장고에 넣었을 때와 햇볕에 놔뒀을 때에 흙이 물보다 큰 온도 변화를 보이지? 이렇게 흙과 물의 온도 변화 차이는 그 위에 있는 공기의 온도에도 차이를 만들고, 이것은 바람을 일으키는 원인이 되지.

원소랑 함께하는 신기한 놀이

❶ 식빵 속의 탄소를 찾아라!

맛있는 식빵 속에는 어떤 원소가 들어 있을까? 토스트를 만들다 보면 알 수 있지. 한번 해 볼까?

• 준비물 •

식빵   토스터

❶ 식빵을 토스터에 넣는다.

❷ 스위치를 누르고 식빵이 살짝 탈 때까지 굽는다.

식빵에 열을 오래 가하면 까맣게 타지? 빵은 탄소, 수소, 산소 등의 원소가 결합한 화합물인 탄수화물로 이루어져 있어. 그래서 높은 열을 가하면 탄소는 숯으로 변하고, 수소와 산소는 결합해 물이 되지. 이때 물은 수증기가 되어 공기 중으로 날아가기 때문에 까맣게 된 탄소만 보이는 거야.

2 화학 반응 보기

화합물은 원소 각각의 성질과는 전혀 다른 새로운 성질을 띤다고 했지? 그럼 화학 반응을 통해 확인해 볼까?

어때? 물이 든 페트병에 요오드팅크 용액만 넣었을 땐 물이 콜라 색으로 변하지? 그런데 여기에 비타민 C 가루를 넣자, 용액이 점차 투명해지는 것을 볼 수 있어. 요오드와 비타민 사이에 화학 반응이 일어나면서 다른 성질의 새로운 물질이 만들어졌기 때문이지.

ㄱ
갈릴레이 82
관성 75, 82
관성의 법칙 75, 83

ㄴ
나트륨 147, 149, 158
닌히드린 38

ㅁ
멘델레예프 158

ㅂ
바람 122
방수성 139

ㅅ
사고 실험 82
산소 157
생체 인식 기술 36, 46
성문 47
소금 145
수소 157
수정 34

ㅇ
염소 147
염화나트륨 147
원소 147, 149, 157
원소 기호 158
원자 149
원자 번호 149, 159
육풍 113, 123
이란성 쌍둥이 48
일란성 쌍둥이 35, 48

ㅈ
주기율표 149, 158
지면과 수면의 온도 변화 121
지문 36, 47

ㅌ
탄소 157

ㅎ
해륙풍 113, 123
해풍 113, 122
혈중 알코올 농도 61
홍채 36, 47
홑원소 물질 158
화합물 147, 157